JOGOS DA MENTE

MARTIN COHEN

JOGOS DA MENTE

31 dias para redescobrir seu cérebro

TRADUÇÃO José Eduardo Mendonça

1ª edição

CIVILIZAÇÃO BRASILEIRA

2015

Copyright © John Wiley & Sons Limited, 2015
Copyright da tradução © Civilização Brasileira, 2015

Todos os direitos reservados. Esta tradução da edição original em inglês foi autorizada por John Wiley & Sons Limited. A Editora Civilização Brasileira é a única responsável pela exatidão desta tradução. Nenhuma parte deste livro pode ser reproduzida de qualquer outra forma e sem permissão por escrito da editora.

Título original: *Mind games*
Projeto gráfico: *Gabinete de artes*

CIP-BRASIL. CATALOGAÇÃO NA PUBLICAÇÃO
SINDICATO NACIONAL DOS EDITORES DE LIVROS, RJ

C759j

Cohen, Martin, 1964-
    Jogos da mente: 31 dias para redescobrir seu cérebro / Martin Cohen ; tradução José Eduardo Mendonça. - 1. ed. - Rio de Janeiro: Civilização Brasileira, 2015.
    208 p. : il. ; 21 cm.

    Tradução de: Mind games
    ISBN 978-85-200-1126-3

    1. Neurociências. 2. Neurociência cognitiva. 3. Aprendizagem - Aspectos fisiológicos. 4. Cérebro. 5. Prática de ensino. I. Título.
    14-13719   CDD: 612.82
                      CDU: 612.82

Todos os direitos reservados. É proibido reproduzir, armazenar ou transmitir partes deste livro, através de quaisquer meios, sem prévia autorização por escrito.

Texto revisado segundo o novo Acordo Ortográfico da Língua Portuguesa.

Direitos desta tradução adquiridos
EDITORA CIVILIZAÇÃO BRASILEIRA
Um selo da
EDITORA JOSÉ OLYMPIO LTDA.
Rua Argentina, 171 – Rio de Janeiro, RJ – 20921-380 – Tel.: (21) 2585-2000

Seja um leitor preferencial Record.
Cadastre-se e receba informações sobre nossos lançamentos e nossas promoções.

Atendimento e venda direta ao leitor:
mdireto@record.com.br ou (21) 2585-2002

Impresso no Brasil
2015

SUMÁRIO

Agradecimentos — 13
Como usar este livro — 14
Adiante! — 15

Parte 1

SEMANA 1 Influenciando a mente réptil — 19
Dia 1 Palavras — 21
Tarefa: *Passe o dia todo tentando pensar por si mesmo*
Dia 2 Identificando o réptil — 22
Tarefa: *Identificar e falar com o réptil em sua mente*
Dia 3 A falácia do fato solitário — 25
Tarefa: *Tente testar a sensação de aleatoriedade. Faça uma pequena aposta*
Dia 4 Os imortais — 26
Tarefa: *Escreva (ou pelo menos comece a escrever) um livro*
Dia 5 Meus três animais favoritos — 27
Tarefa: *Complete uma pesquisa aparentemente inócua usando a imaginação para tentar descobrir um pouco sobre como funciona nosso subconsciente*
Dia 6 A prisão do eu — 28
Tarefa: *Tentativa de fuga...*
Dia 7 Trapismo — 29
Tarefa: *Não fale com ninguém*

SEMANA 2 Observando o desenvolvimento 31
de pequenas mentes

Dia 8 Experimentos bobos com ursinhos 33
Tarefa: *Junte Piaget e um ursinho para destrinchar os números*

Dia 9 (manhã) A vaca no campo com as casinhas 36
Tarefa: *Faça um joguinho para crianças*

(tarde) As montanhas do egocentrismo 38
Tarefa: *Construa um dispositivo para medir o egocentrismo*

(noite) Comporte-se! 39
Tarefa: *Aplique princípios behavioristas nas pessoas ao seu redor*

Dia 10 A dissonância dos voluntários de 1 dólar 40
Tarefa: *Faça as crianças (ou colaboradores, ou parceiros) executarem algumas tarefas repetitivas e entediantes*

Dia 11 Investigando a memória 42
Tarefa: *Teste da memória: de quantas palavras você consegue se lembrar?*

Dia 12 Jargão para ignorantes 45
Tarefa: *Administre alguma coisa*

Dia 13 Tenha sorte! 46
Tarefa: *Descubra o quanto você é azarado*

Dia 14 *Este não é um livro de autoajuda* 47
Tarefa: *Resuma um livro de autoajuda*

SEMANA 3 Experimentos em filosofia *prática* — 49

Dia 15 Use óculos de proteção de cabeça para baixo — 51
Tarefa: *Faça, e use, óculos de proteção especiais*

Dia 16 Andando em brasa e banhos frios — 53
Tarefa: *Prepare uma trilha de carvão em brasa ou tições de madeira*

(noite) — 53
Tarefa: *Tente mais uma vez exercer controle sobre seu corpo*

Dia 17 R-pentomino — 55
Tarefa: *Fabrique alguns micróbios próprios*

Dia 18 (manhã) Propriocepção (o teste de coçar narizes) — 57
Tarefa: *Engane os sentidos para pensarem que seu nariz tem um metro de comprimento*

(tarde) Ouça o efeito McGurk — 58
Tarefa: *Induza seus sentidos a perceberem coisas que não existem...*

Dia 19 (manhã) Faça uma caminhada numa trilha costeira muito longa — 59
Tarefa: *Meça-a em centímetros*

(tarde) Faça uma cama de pregos — 61
Tarefa: *Passe a noite deitado nela*

Dia 20 Agora as coisas ficam realmente perigosas... — 63
Tarefa: *Olhe alguma coisa chata na internet*

Dia 21 Rabiscos — 65
Tarefa: *Desenhe alguma coisa*

SEMANA 4 Investigações filosóficas variadas 67
Dia 22 (manhã) O problema de Molyneux 69
Tarefa: *Chega de tarefas perigosas. Pausa para conceituar*
       (tarde) O quarto de Mary 70
Tarefa: *Por que isto está aqui?*
Dia 23 Incapaz de ver a mudança 71
Tarefa: *Cheque se a pessoa com a qual você vive ou trabalha é a mesma de ontem*
Dia 24 Teoria da cascata 72
Tarefa: *Conduza (ou melhor, forje) uma discussão*
Dia 25 Explique-se! 74
Tarefa: *Tente prever seu dia*
Dia 26 Investigando a desrazão e a discussão 75
Tarefa: *Jogue com a ambiguidade*
Dia 27 Mensagens subliminares 77
Tarefa: *Conscientize-se das mensagens escondidas a seu redor*
Dia 28 (manhã) O poder da oração 79
Tarefa: *Reze um pouco*
       (tarde) Reze por boas colheitas 80
Tarefa: *Reze um pouco mais*
Dia 29 O horror e a beleza, ou vice-versa 81
Tarefa: *Tenha uma visão – ou pelo menos um sonho*
Dia 30 Coisas estranhas 84
Tarefa: *Realize uma telepatia*
Dia 31 Manipulando as mentes na fazenda 88
Tarefa: *Leia as entrelinhas...*

Parte 2

REFLEXÕES — 91

SEMANA 1: Influenciando a mente réptil — 93
Dia 1 Palavras — 93
Dia 2 Identificando o réptil — 93
Dia 3 A falácia do fato solitário — 99
Dia 4 Os imortais — 100
Dia 5 Meus três animais favoritos — 102
Dia 6 A prisão do eu — 103
Dia 7 Trapismo — 107

SEMANA 2: Observando o desenvolvimento de pequenas mentes — 109
Dia 8 Experimentos bobos com ursinhos — 109
Dia 9 **(manhã)** A vaca no campo com as casinhas — 111
(tarde) As montanhas do egocentrisimo — 113
(noite) Comporte-se! — 114
Dia 10 A dissonância dos voluntários de 1 dólar — 116
Dia 11 Investigando a memória — 117
Dia 12 Jargão para ignorantes — 122
Dia 13 Tenha sorte! — 125
Dia 14 Este não é um livro de autoajuda — 127

SEMANA 3 Experimentos em filosofia *prática* — 128
Dia 15 Use óculos de proteção de cabeça para baixo — 128
Dia 16 Andando em brasa e banhos frios — 129
Dia 17 R-pentomino — 130

Dia 18 Propriocepção e o efeito McGurk — 134
Dia 19 (manhã) Faça uma caminhada numa trilha costeira muito longa — 137
   (tarde) Faça uma cama de pregos — 138
Dia 20 Agora as coisas ficam realmente perigosas... — 139
Dia 21 Rabiscos — 140

SEMANA 4 Investigações filosóficas variadas — 143
Dia 22 (manhã) O problema de Molyneux — 143
   (tarde) O quarto de Mary — 144
Dia 23 Incapaz de ver a mudança — 146
Dia 24 Teoria da cascata — 148
Dia 25 Explique-se! — 154
Dia 26 Investigando a desrazão e a discussão — 155
Dia 27 Mensagens subliminares — 165
Dia 28 (manhã) O poder da oração — 166
   (tarde) Reze por boas colheitas — 167
Dia 29 O horror e a beleza, ou vice-versa — 169
Dia 30 Coisas estranhas — 172
Dia 31 Manipulando as mentes na fazenda — 181

Apêndice: O teste das três linhas — 185

Fontes e sugestões de leituras adicionais — 186
Índice — 196

Agradecimentos

As ilustrações foram especialmente feitas para este livro por uma artista francesa, Judit, com especial atenção ao "espírito filosófico" do texto. Devo agradecer especialmente a ela e a meu incansável editor Jeff Dean, por seu apoio, entusiasmo, *insights* e ideias!

Como usar este livro

Este livro convida os leitores a serem ativos e participarem eles mesmos das explorações de ideias e experimentos. Há "respostas" no final do livro, o que evita a necessidade de se cumprir todas as atividades, mas não são "respostas reais", são meramente ideias e reflexões sobre o assunto, reflexões que serão de maior valor – ou possivelmente de valor nenhum – depois que você tiver feito sozinho o "jogo da mente".

Eu conheço muita gente (especialmente professores) que acha entediante ter de parar para pensar, sem falar em verdadeiramente experimentar coisas por si mesmas. Por que não dizermos o que sabemos sobre o estado atual das coisas e darmos algumas referências cabíveis a artigos científicos? Isso não seria mais lógico? Mas a razão para essa abordagem ativa é que a "inconveniência" (como um famoso filósofo chamou tais coisas) é também a oportunidade de redescobrir seu cérebro – algo que poucos livros, ou professores, permitem. Também, usando esses tipos de atividade como pontos de início de discussões filosóficas, fiquei espantado com a pouca frequência com que pessoas invocam as autoridades estabelecidas nas questões, mas preferem encontrar elas mesmas as soluções.

Muitos livros são lidos apenas parcialmente. Mas tudo bem se você ler apenas pedaços deste livro. A filosofia não é um corpo de conhecimento, mas uma atividade, e *Jogos da mente* é uma oportunidade e um convite para usufruí-la.

Adiante!

Este é um livro sobre o pensar. Vamos seguir Descartes e refletir um pouquinho sobre o pensar. Os macacos pensam? As plantas? Não como a gente. Eles parecem fazer isso ao seguir estratégias evolucionárias pré-programadas. Um tanto como os computadores, na verdade. Mas, diferentemente destes, estão "indubitavelmente" conscientes de alguma coisa. Isso porque, se hoje todos concordam que o corpo, e mesmo todo o universo, é uma máquina, ninguém ainda é capaz de dizer se há um espírito no centro dele e que o acompanha.

Descartes escreveu "Penso, logo existo", ou, pelo menos, muitas pessoas pensam que ele escreveu isso. Ele disse que a consciência do fato bruto de existirmos era a única coisa da qual se podia ter certeza, e usou essa pérola não apenas para se levantar pela manhã, mas para redescobrir o mundo. Descartes, como se vê, estava chegando a algum lugar. E esse lugar é a consciência. Talvez seja este o mistério central da filosofia. A ciência pode explicar todo o resto, mas o estranho sentido de autoconsciência ela pode apenas rejeitar como ilusão.

Este livro, então, é uma celebração da consciência, que leva um título bem mais atraente: *Jogos da mente*. Há muitos deles aqui, sim, mas não no sentido de quebra-cabeças como o Sudoku, e dos truques conceituais, ou da explicação científica de como a mente funciona, ou mesmo de "experimentos com o pensamento" no sentido filosófico mais amplo – de cenários imaginários se desenvolvendo por meio da aplicação da lógica a hipóteses factuais.

Tudo bem com eles, mas a mente é muito mais que isso. Ela também pode lidar com coisas que não existem, que não fazem sentido, que não podem ser explicadas. Algumas pessoas chegam a pensar que podem projetar pensamentos instantaneamente a distância, que podem fazer com que almas que se foram se rematerializem e, claro, passem mensagens direto ao Criador. Mas se filósofos sérios relutam em apoiar tal irracionalidade, isso não é razão para deixar passar a oportunidade de praticar aqui alguns jogos mentais alternativos. Isso porque a ciência, como a filosofia, deve estar aberta a todas as perguntas e respostas, e não apenas àquelas que se encaixam nos escaninhos estreitos de cada época.

E se você tentar todos os 31 experimentos listados aqui e, ao final, não conseguir se lembrar de em que mês está ou ao menos de algo mais matemático, nem conseguir ver o núcleo argumentativo essencial por meio da manipulação verbal? Se você ler este livro e ainda de alguma forma não conseguir fazer nada disso, posso oferecer ao menos uma coisa. E essa coisa é que, no fim do caminho, vai ficar claro que o modo como você pensa, e como eu penso, não são tão individuais como o "Penso, logo existo" implica. Porque a mente humana é criada e renovada a cada momento coletivamente, e nenhum de nós sozinho pode redescobrir nossa sensação do eu, muito menos redescobrir nosso cérebro.

PARTE 1

SEMANA 1
Influenciando a mente réptil

dia 1

Palavras

> **Tarefa**
> Passe o dia todo tentando pensar por si mesmo

Mas já vamos começar com o pé esquerdo? Estas palavras que você está lendo são de quem?

De quem é esta voz em sua cabeça? É a sua ou a minha?

Quando você ouve uma pessoa falar, as palavras permanecem sendo dela – para você concordar ou não, como quiser. Mas, de certa forma, ler os pensamentos de alguém é permitir a elas, mesmo que temporariamente, que assumam os centros de linguagem de seu cérebro. Durante o tempo em que você estiver envolvido com o que ele diz, o escritor se transforma em sua voz interior.

Isso significa, em algum momento, que o escritor se torna o leitor?

Ou significa, em vez disso, que o leitor se torna o escritor?[*]

---

[*] Todas as tarefas são discutidas, explicadas ou apenas ocasionalmente "resolvidas" na seção "Reflexões", que é a segunda parte deste livro. Nesse caso, veja a página 93 para uma breve nota contextual.

Identificando o réptil

> **Tarefa**
> Identificar e falar com o réptil em sua mente

De acordo com um psicólogo francês, G. Clotaire Rapaille, a maioria de nossas decisões não são de forma alguma tomadas racionalmente, com o uso talvez da filosofia ou mesmo da economia, e sim feitas sub-repticiamente na zona crepuscular da mente. Essas são as decisões tomadas pelo que ele chama de "a mente réptil", que opera no fundo, sem que tenhamos consciência dela.

O dr. Rapaille resvalou nessa descoberta trabalhando como psicólogo de crianças, dedicado a ajudar aquelas que têm dificuldades de comunicação a se expressarem. Ele descobriu que a maioria dos problemas podem ser mais bem entendidos se assumirmos que a mente humana se desenvolve em três estágios.

A teoria

O primeiro nível, o "réptil", diz respeito apenas à sobrevivência. Esse é o estágio em que aprendemos a respirar, a nos movermos um pouco, a comer. Depois de um tempo, tudo isso se torna inconsciente.

O estágio depois deste, que Rapaille chama de límbico, é quando as crianças desenvolvem emoções e preferências conscientes. É quando acontecem os afetos, como o entre a criança e a mãe, e elas desenvolvem afeições por certas coisas – pela casa, pelo conforto e por torta de maçã, por exemplo.

O terceiro e último estágio, aquele tão amado pelos filósofos, que parece ocorrer depois dos 7 anos, é o do desenvolvimento do cérebro exterior, ou o córtex – a parte que é medida e estudada extensivamente por neurologistas e outros cientistas que soam importantes. Essa é a parte, a única, que trata das palavras, com números e conceitos. *Mas aprendemos muitas palavras antes desse estágio.*

Rapaille observou, em algumas crianças, que existiam palavras que produziam certos problemas, e que estes, ele percebeu, não eram atribuíveis à mente racional normalmente encarregada de lidar com palavras, mas que remontavam a um tempo anterior, quando as palavras foram aprendidas pela primeira vez. Ele decidiu que as dificuldades das crianças eram evidência de que cada palavra que aprendemos tem um significado especial. A palavra "mamãe", por exemplo, que dizem ser a primeira que um bebê "aprende", se aplica a apenas uma pessoa, que tem um tipo de aparência e faz certas coisas maternais. Não é apenas da voz, do rosto ou do cheiro da mamãe que o bebê se lembra. A própria palavra fica "gravada" na mente dele junto com todas as associações que ela pode ter adquirido: conforto, segurança, amor.

E o mesmo é verdadeiro para outras palavras menos óbvias, como *café, carro*, ou mesmo *cigarros*. "Quando você aprende uma palavra, seja qual for, *café, amor* ou *mãe*, há sempre uma primeira vez", Rapaille em certa oportunidade explicou, numa entrevista a um jornal, acrescentando: "Há uma primeira vez para tudo. Da primeira vez que você entende, grava o significado da palavra e cria uma conexão mental que continuará usando pelo resto da vida".

Rapaille chama isso de código, um código inconsciente no cérebro. Cada palavra que nos foi introduzida num dado momento, e que foi "gravada" em nosso cérebro, o foi com diversas associações. Descobrir essas associações revela o significado internalizado de cada palavra.

A prática

Então, vamos testar a teoria: quais são os códigos, digamos, para *café*, *carros*, ou mesmo *cigarros*?

Escreva suas associações antes de virar a página para ver como elas se comparam ao réptil de Rapaille...
(Lembre-se de que não são adjetivos descrevendo a coisa, mas outras coisas às quais você a conecta.)

Café me lembra:

1.
2.
3.

Carros me lembram:

1.
2.
3.

Cigarros me lembram:

1.
2.
3.

Quando terminar, faça uma pausa para reler o que escreveu e depois vá para a seção "Reflexões" para ver as respostas.

dia 3

A falácia do fato solitário

> **Tarefa**
> Tente testar a sensação de aleatoriedade.
> Faça uma pequena aposta

Jogue uma moeda vinte vezes, se der coroa quatro vezes seguidas, você vence. Senão, eles vencem. Como uma coisa assim é muito improvável, a aposta está a seu favor: se você ganhar, eles devem dar a você, digamos, cinco notas de um zloty – e se você não conseguir as quatro vezes seguidas, paga a eles apenas um zloty. Tal arranjo apenas reflete a improbabilidade de conseguir quatro coroas seguidas em vinte vezes.

Tipos suspeitos podem aceitar o desafio – mas apenas se transformarem a aposta em quatro caras! É claro que podemos aceitar a má-fé deles, porque aqui não há truques.

Jovens podem preferir versões mais apetitosas de aposta, como "Eu tiro minha camisa se você tirar TODA a sua roupa!", ou filósofos russos bêbados podem querer variações que envolvem apontar revólveres parcialmente carregados para as cabeças uns dos outros. Igualmente, se não encontrar alguém disposto a jogar com você, pode apostar contra si mesmo. Desse jeito é mais seguro. (Mas ainda não o bastante, eu acho, se o jogo for roleta-russa.)

Os imortais

> **Tarefa**
> Escreva (ou pelo menos comece a escrever) um livro

Escritores de ficção científica sempre brigaram com filósofos por modos de extrair pensamentos das cabeças das pessoas enquanto vivas e preservá-los em outras pessoas ou simplesmente em máquinas. E agora neuropsicólogos começam a fazer a mesma coisa. Mas não precisamos ser técnicos demais com isso. Porque já existe, e certamente há três mil anos, uma maneira muito simples de preservar pelo menos os pensamentos mais importantes da cabeça de alguém. E essa máquina da imortalidade se chama livro.

A principal desvantagem é que, uma vez publicado, ele ainda precisa ser lido.

E a quem podemos confiar que faça isso depois de partirmos?

dia 5

Meus três animais favoritos

> **Tarefa**
> Complete uma pesquisa aparentemente inócua usando a imaginação para tentar descobrir um pouco sobre como funciona nosso subconsciente

Você precisa apenas escolher seus três animais favoritos. Mas, para aproveitar melhor o teste, pegue uma caneta e uma folha de papel e escreva uma ou duas frases explicando suas razões.

Meu primeiro animal favorito é .... porque ....
Meu segundo animal favorito é .... porque ....
Meu terceiro animal favorito é .... porque ....

É isso!

A prisão do eu

> **Tarefa**
> Tentativa de fuga...

Historiadores dizem que uma espécie de "mutação" estava ocorrendo na própria natureza humana em torno da época em que Descartes publicou seu famoso *cogito* – "Penso, logo existo". Era a mudança da consciência coletiva do grupo, definido por raça, tribo ou classe, para a consciência solitária do indivíduo. Com isso vieram sentimentos de isolamento, falta de sentido e alienação. Na verdade, historiadores falam de uma "epidemia" de depressão na Europa.

Oliver Cromwell, guardião da breve Inglaterra republicana; John Bunyan, o escritor puritano de *A peregrina*; e John Donne, o poeta janota e depressivo, estavam entre suas vítimas. Tomemos John Donne, por exemplo. Muitos de seus poemas, excessivamente sinistros, foram escritos após a morte de sua mulher, em 1617, e são particularmente eloquentes em sua tristeza. E já que para nossa investigação precisamos nos deprimir, eis um deles:

> **Morte, não te orgulhes (John Donne)**
> Morte, não te orgulhes, embora alguns clamem a ti;
> Poderosa, temível, pois não és assim...
> És escrava do fado, de reis, do suicida e dos homens desesperados,
> E assim lidas com guerras, veneno e doença,
> Ópios e mágicas também podem nos fazer dormir bem assim...

Deprimido? Agora tudo que você tem de achar é a cura.

dia 7

Trapismo

Tarefa
Não fale com ninguém

Pessoas religiosas têm seus rituais, a maior parte deles inofensivos, alguns assustadores, mas há pelo menos um que toca em algo muito fundamental na natureza humana.

E esta é a ideia do "retiro", na qual se vai para um canto quieto do mundo e se passa dias, semanas mesmo, separado de todas as armadilhas da vida moderna, com o "recolhimento" a uma vida mais simples: pouco tempo para dormir, pouca comida e muito silêncio.

Quanto à última coisa, há pessoas, como os monges trapistas da tradição católica, que se dedicaram a passar a vida sem falar. Eles eram loucos? Ou ficaram? A solidão tem o hábito de se infiltrar em você e fazer jogos com sua mente.

Não é verdadeiramente necessário se tornar um monge para partilhar a experiência. A maioria das pessoas pode adaptar esse experimento a sua rotina semanal. Simplesmente decida não falar com ninguém durante o final de semana, e muito menos, claro, ouvir quaisquer máquinas. Se você mora perto de colinas vazias, saia para longas caminhadas – sozinho. Ou, se vive em uma cidade grande, passe o primeiro dia fuçando em uma livraria (não compre nada, naturalmente) e o segundo caminhando por ruelas.

Parece bastante fácil não falar, mas tente e veja.

SEMANA 2
Observando o desenvolvimento de pequenas mentes

dia 8

Experimentos bobos com ursinhos

> **Tarefa**
> Junte Piaget e um ursinho para destrinchar os números

As crianças percebem o mundo de maneira muito diferente dos adultos? Em particular, elas são completamente ilógicas e *realmente* pensam que coisas mágicas acontecem, coisas que o senso comum deveria lhes dizer que simplesmente não vêm ao caso?

Uma famosa série de experimentos do filósofo francês Jean Piaget pareceu provar o que todos sempre suspeitaram – que as crianças realmente habitam um universo paralelo.

Uma dessas circunstâncias mágicas é o modo como as coisas podem aparecer e desaparecer. A demonstração de Piaget foi talvez menos interessante que outras envolvendo coelhos e cartolas, mas é mais fácil de replicar.

Ponha duas fileiras de coisas diferentes (como balinhas e docinhos) na mesa, desta forma:

Então pergunte à criança (Piaget acha que ela deve ter menos de 7 anos) se há mais de uma coisa que de outra. A resposta esperada a essa altura é: "Não seja tolo, é claro que há o mesmo número de coisas. Meu Deus, eu pensei que isso fosse óbvio!"

Nesse caso, rearranje os doces e pergunte de novo. Piaget afirma que uma coisa estranha e ridícula acontece.

E então, agora, quantas unidades há de cada coisa?

Outro experimento bobo

É claro que você pode ter trapaceado ao contar os docinhos. Mas bebês, aqueles pequenos, que não obedecem a instruções simples como "pare de chorar" ou "não jogue isso", não sabem contar. Isso porque eles ainda têm de aprender a falar e, mais ainda, escutar. Assim parece óbvio que esses bebês não tenham "números" para contar – mas, também, nem certas tribos com línguas mais simples que a nossa têm.

Afirma-se, por exemplo, que o povo yupno, de Papua-Nova Guiné, não tem números/palavras específicos, mas tem um "sentido de número", uma vez que parecem poder calcular (como crianças gostam de fazer) usando partes de seu corpo, tais como dedos das mãos e dos pés e também outras coisas.

Bom, de qualquer jeito, podemos testar as habilidades aritméticas de um bebê colocando dois objetos idênticos, talvez ursinhos, atrás de um pedaço grande de papelão, e então alternadamente mostrar ou esconder um ursinho extra. A cada vez que fizermos isso, temos de deixar o papelão de lado e dizer: "Olha!" E o bebê vai olhar, se você tiver sorte, e vai ver apenas um ursinho! Ou três!

Quando fizer o truque, julgue as reações do bebê. Ele está acompanhando tudo com atenção?

Parece que os bebês acompanham todo esse jogo de números com grande interesse, pelo menos sob condições experimentais. Se seu bebê acompanhar, podemos dizer, como os pesquisadores, que ele já tem um sentido de "número", triunfando sobre aqueles que dizem que seu bebê é bom em música, arte ou em qualquer coisa – o que contraria os filósofos e psicólogos que consideram que esse sentido de número é tão abstrato que emerge apenas muito mais tarde no desenvolvimento de uma criança.

A vaca no campo com as casinhas

> **Tarefa**
> Faça um joguinho
> para crianças

Outro jogo para as crianças se chama "vacas na fazenda", e envolve um pedaço de papelão verde, um pequeno modelo de vaca e alguns blocos de madeira. Na verdade não é um jogo – é mais um exercício matemático para testar crianças sobre sua noção de área. Piaget floreou a coisa para fazer as crianças pensarem que estavam brincando de ser fazendeiras, quando na verdade estavam era lidando com geometria.

Bem, com a concordância das crianças, mesmo que iludidas, criou-se uma fazenda verde. Não uma fazenda orgânica, mas uma fazenda meramente verde. Uma vaquinha de madeira foi colocada em algum lugar no meio desse campo.

A primeira questão é: se a vaca estiver no centro do campo, no lado, ou mesmo em um canto isso vai influenciar na quantidade de grama com a qual ela vai ser alimentada?

A maioria das crianças (exceto talvez as mais travessas) vai dizer "Não". A vaca vai ter a mesma quantidade para comer, não importa em que pedaço do campo ela seja colocada. Muito reconfortante. Mas sendo um filósofo frio e calculista, e não um pai, Piaget então passaria a "desenvolver" a fazenda, acrescentando ao campo cubinhos de madeira iguais, que representam construções da fazenda. Em um dos planos de desenvolvimento, meia dúzia de novos celeiros foram agrupados em duas fileiras. Em um esquema alternativo, foram espalhados aleatoriamente pelo campo.

A questão para a vaca é: *Qual plano vai deixar mais grama para mim?*

O plano A

Ou o plano B?

As montanhas do egocentrismo

> **Tarefa**
> Construa um dispositivo para medir o egocentrismo

Para recriarmos um último exemplo das célebres investigações de Piaget no desenvolvimento da mente, precisamos de uma criança como sujeito e uma paisagem tridimensional, talvez três montanhas feitas de papel machê, embora possa ser suficiente usar simplesmente uma pilha de livros ou almofadas. Depois precisamos colocar, digamos, Jemima, a boneca, de um lado das montanhas/almofadas, e o ursinho do outro. Os arranjos devem ser variados de vez em quando para que, de onde o ursinho esteja, a montanha ou o impeça de ver Jemima ou permita que ele a veja.

A paisagem montanhosa deve parecer algo como a ilustração no começo desta seção (p. 31).

Quando você fizer isso, pergunte à criança-sujeito: "O ursinho pode ver Jemima?"

dia 9 (noite)

Comporte-se!

> **Tarefa**
> Aplique princípios behavioristas nas pessoas ao seu redor*

Todos os pais, assim como todos os professores, são interessados em "comportamento". Podem até mesmo se interessar por behaviorismo, teoria muito simples que diz que crianças (e animais) respondem diretamente a estímulos.

Machuque-os quando fizerem alguma coisa, e eles param de fazer. Recompense quando fizerem alguma outra coisa, e eles repetirão o "comportamento". Parece uma teoria astuciosa, e é. *Mas por outro lado...*

O problema para muitos pais é que eles parecem perder o controle sobre seus filhos quando eles têm cerca de... 3 meses. Quando a criança chega aos 2 anos, o problema do "mau comportamento" pode ser óbvio. Júnior não come espinafre, mas o atira em sua mãe usando a colher como arma. Na hora de dormir, quando papai e mamãe estão exaustos, ele quer ficar acordado e brincar. Ou, se não exatamente "brincar", gritar. Se não gritar, chorar. Parece que o único jeito de satisfazer essas crianças é dar-lhes chocolates, deixá-las ver TV até tarde e acariciá-las até dormirem.

Mas é assim mesmo? Não pode ser que essa teoria um tanto fora de moda contenha alguma coisa, afinal de contas? Que talvez esteja certo o conselho de que os pais assumam o controle, descartando a democracia familiar em favor da ditadura?

É necessário repensar isso, porque parece que, em muitos lares, "os monstrinhos" tomaram conta da casa.

O que fazer?

---
* Se você tiver filhos, ou, ainda melhor, se não tiver mas conhecer alguém que tenha, aplique a eles princípios *behavioristas* durante uma semana e veja que efeito têm em conseguir mudanças desejadas em seu "comportamento". Se preferir, aplique esses princípios a seus colegas de trabalho, ou seu parceiro – ou a qualquer um, na verdade.

A dissonância dos voluntários de 1 dólar

> **Tarefa**
> Faça as crianças (ou colaboradores, ou parceiros) executarem algumas tarefas repetitivas e entediantes

Dissonância é a sensação de tensão desconfortável que vem de manter dois pensamentos conflitantes na mente ao mesmo tempo.

Num clássico experimento da Universidade de Stanford (um daqueles muito desonestamente psicológicos, de 1959), os participantes foram obrigados a desempenhar tarefas repetitivas e tediosas, como colocar pinos em buracos e tirar e colocar bobinas em bandejas.

Se você quiser tentar...

- A primeira meia hora consistia em colocar 12 bobinas em uma bandeja, esvaziar a bandeja e recolocar as bobinas, usando apenas uma das mãos.
- A segunda meia hora foi gasta girando pinos quadrados montados sobre uma tábua, com intervalos de 15 minutos, em sentido horário.
- Ao fim da sessão, os estudantes foram inquiridos e dispensados. Invariavelmente, eles relataram que acharam as sessões – que supostamente tinham a ver com "medidas de desempenho" – chatas, entediantes e repetitivas.

No entanto, mais tarde, alguns dos estudantes foram reconvocados individualmente e solicitados a ajudar na pesquisa entediante (conforme disseram), já que o pesquisador assistente, encarregado de supervisionar as tarefas, tinha ficado doente. Ou talvez tivesse enlouquecido. De qualquer forma, os pesquisadores explicaram que o papel do assistente incluía falar com os voluntários à espera e explicar que as tarefas que haviam acabado de executar eram na verdade muito interessantes. Como invariavelmente os estudantes acreditavam no contrário, aceitar o trabalho criava certa quantidade de dissonância cognitiva.

Os pesquisadores se ofereceram para pagar seus assistentes temporários, mas a quantia variava de estudante a estudante (embora eles não soubessem disso) – alguns receberam 1 dólar por voluntário recrutado por sessão, e outros receberam 20 dólares. Houve estudantes que se recusaram a aceitar a tarefa a qualquer preço e outros tapearam, pegando o dinheiro mas na verdade criticando as tarefas. Essas críticas foram, é claro, excluídas do estudo.

O experimento se destinava a descobrir quais dos "assistentes de pesquisa" – aqueles que receberam 1 dólar ou o pagamento exagerado de 20 dólares – agora achavam que as atividades, no fim das contas, não eram tão chatas.

dia 11

Investigando a memória

> **Tarefa**
> Teste da memória: de quantas palavras você consegue se lembrar?

maçã
almofadas
andar
mesa
cachorro
cobertor
noite
folhas
flores
sonhos
cobre
pote de chá
mesa
sono
travesseiro
lua
chapéu
pijama
livro

Depois de ter lido cuidadosamente essa lista, considere a interessante história a seguir.

"Ao mexer outro dia na confusão do meu armário, descobri uma circunstância curiosa e longe de satisfatória, ou seja, que eu tinha esquecido meu lenço de seda em casa", escreveu Charles

Lutwidge Dogdson a sua irmã Mary, numa carta datada de 6 de março de 1851. (Você se lembra quem era ele e por que era famoso?)

Mais tarde, Dodgson, também conhecido como Lewis Carroll, escreveu um livro sobre "truques de memória", que chamou de *Memoria Technica* (1875), para ajudá-lo a memorizar "logaritmos de números primos até 41". Ninguém mais pensou ser capaz de fazer isso, mas o método de Carroll não se limitava a números matemáticos. Ele os usava também para memorizar o peso de metais específicos! Para lembrar o peso do ouro, por exemplo (19,36), ele fez uma rima: *"Would you have enough Gold for your rents?/Invest in the seven per cents"* (Se você tiver ouro o bastante para o aluguel/Invista a sete por cento). Nos versos em inglês, as últimas quatro consoantes ("c", "n", "t" e "s" em *cents*) representam os dígitos 1, 9, 3 e 6 (mas esqueci como). Para memorizar o ano em que Cristóvão Colombo descobriu a América, Carroll produziu o seguinte: "Columbus *sailed the world around,/Until America was FOUND.*" (Colombo navegou pelo mundo até a América ser descoberta). As últimas três consoantes ("f", "n" e "d") representam os dígitos 4, 9 e 2, do ano 1492.

Isso pode não ser nada fascinante, mas leitores de outros livros de Carroll, como o ligeiramente mais popular *Alice no país das maravilhas*, podem notar ocasionalmente a importância que a memória tem na obra. No capítulo de abertura, por exemplo, a heroína, enquanto caía pelo buraco do coelho, pensava se sua família se lembraria de dar leite para seu gato. Mais tarde, achando uma garrafa em uma mesa de vidro, Alice para e imagina se a bebida é segura, pensando em crianças correndo perigo apenas por não "se lembrarem das regras simples" ensinadas por seus amigos. E (exemplo crucial da importância da memória) ela se esquece da chave na mesa – que antes não conseguira alcançar por causa de seu tamanho encolhido.

Toda essa estranha experiência a fez se sentir como se tivesse perdido a identidade. Assim, para se reassegurar, ela faz vários testes de memória, variando entre o que havia feito no dia anterior, como se sentira e se podia lembrar coisas que aprendera em matemática, geografia e música. Como a história sutilmente sublinha, esquecer coisas não apenas causa inconveniências, mas também coloca indivíduos, como Alice, em risco de perderem sua identidade pessoal.

Agora você pode testar sua memória escrevendo todas as palavras da lista.

dia 12

Jargão para ignorantes

Tarefa
Administre alguma coisa

Donald Mitchell, coautor de *The 2,000 Percent Squared Solution*, professor de administração estratégica e consultor em Boston, diz ao mundo, naquele peculiar quadro de avisos que é a Amazon.com, sobre um *insight* que teve enquanto treinava um time infantil:

> A administração precisa ser mais como a medicina. Nesta, os testes clínicos feitos por doutores fornecem a maior parte das informações para a melhora, e não uma sociedade de debate filosófico dirigida por pensadores hipotéticos.

Ainda assim, falar com pessoas é uma experiência filosófica. E há muitos pensadores hipotéticos em torno para palpitar. Há especialistas que dizem: "Trate as pessoas como gostaria de ser tratado" (a linha de Kant); outros que afirmam que as pessoas "são capazes de quase qualquer coisa" (o que se assemelha um pouco a Platão, ao menos no *Meno*, obra na qual ele mostra que o menino escravo conhece trigonometria). E há ainda aqueles que dizem que o papel de um "administrador" está diminuindo na "economia" de hoje, o que podemos contar como um tributo ao advogado escocês do *laissez-faire* e filósofo do dinheiro, Adam Smith.

Agora teste todas as teorias no laboratório da realidade

Tente administrar algumas pessoas – digamos, na sua família. Ou, se isso não funcionar, no time local de futebol/sociedade teatral/clube de pôquer. Ou, se não der certo, numa sociedade de debates filosóficos dirigida por pensadores hipotéticos...

Tenha sorte!

> **Tarefa**
> Descubra o quanto você é azarado

Equipamento necessário: este livro

O filósofo da "sorte" é Richard Wiseman, psicólogo de uma antiga escola técnica da Grã-Bretanha (isso já é abusar da sorte três vezes*) e autor de *O fator sorte*, livro que se tornou bastante popular. Mas isso não é exatamente sorte. De qualquer modo, Wiseman não parece ser pessimista. Em vez disso, ele faz experimentos para descobrir se parte de ser "sortudo" é simplesmente uma atitude, boa ou ruim, perante a vida, e não tem tanta relação com os acontecimentos.

Em um experimento, Wiseman pegou dois grupos de pessoas que se consideravam ou naturalmente muito sortudas ou muito azaradas. Ele pediu a todos individualmente que olhassem um jornal e dissessem quantas fotografias havia nele. Na média, ele descobriu, as pessoas azaradas levaram dois minutos para contar as fotos, enquanto as sortudas o faziam em apenas alguns segundos. Esse resultado notável merece mais investigação.

Podemos continuar a pesquisa fazendo uma coisa semelhante com este livro. Antes de mais nada, como Wiseman, precisamos colocar pessoas em suas categorias apropriadas perguntando: "Você se considera sortudo ou azarado?" (Se alguém se recusar a entrar em um dos grupos, simplesmente coloque-o na categoria de sortudos, e diga a ele que não seja tão modesto no futuro.)

Agora pergunte a eles (pode começar tentando você mesmo) quantas ilustrações há neste livro.

---

* Um "psicólogo", não um filósofo, em uma "nova" universidade e vivendo na Grã-Bretanha, um país que fica fisicamente na Europa, mas que acha que está na América.

dia 14

Este não é um livro de autoajuda

> **Tarefa**
> Resuma um livro de autoajuda

Compre (ou melhor, roube ou pegue emprestado) um livro de autoajuda. Leia-o e resuma suas 80 mil palavras de aconselhamento em dois ou três parágrafos. Ou linhas, se puder. Ou talvez mesmo palavras...

SEMANA 3
Experimentos em filosofia *prática*

Use óculos de proteção de cabeça para baixo

> **Tarefa**
> Faça, e use, óculos de proteção especiais

Daniel Dennett, filósofo americano normalmente reservado, certa vez descreveu um famoso experimento psicológico não apenas imaginado, mas levado a cabo por George Stratton no fim do século XIX. No experimento, as pessoas usavam óculos de proteção que faziam todo seu campo de visão virar de cabeça para baixo. Aqueles suficientemente capazes podem replicar esse efeito andando pela sala sobre as mãos: na verdade, tudo *parece* de cabeça para baixo. No entanto, ficar sobre as mãos impede que mesmo os mais aptos consigam continuar o teste e desempenhar suas ações cotidianas simples, como fazer um chá ou ler um jornal.

Assim, a melhor maneira de participar desse interessante experimento é conseguir óculos de proteção que façam tudo parecer de cabeça para baixo (a seguir, instruções sobre como fazê-los) – e tentar viver seu cotidiano usando-os por algumas semanas.

Para a maioria das pessoas, uma coisa curiosa acontece...
Elas agora veem que o mundo é de cabeça para baixo!

*Primeiro: faça os óculos**

Comece fazendo uma faixa para a cabeça usando um pedaço de papelão de cerca de 50cm de comprimento por 11cm de largura (o tamanho de uma típica caixa de papelão funciona muito bem). Corte nela uma longa fenda de cerca de 10cm de altura por 2,5cm

---

* Com o reconhecimento ao programa de televisão britânico *Mighty Truck of Stuff* (em tradução livre, *Um montão de coisas*) e a diversos sites interessantes da internet.

de largura. Faça dois buracos em cada uma das extremidades e coloque pedaços de elástico para finalizar a faixa.

Agora você precisa de mais dois pedaços de papelão de cerca de 16cm por 11cm. Um deles deve ser sólido, com pelo menos 1,5mm de espessura, e o outro de um papel espelho (que você não consegue achar todo dia na papelaria da esquina, mas este é um experimento importante). Junte os dois pedaços de papelão, com cola ou um grampeador. Faça um espaço no espelho para caber seu nariz. Agora corte fendas de 3cm no papelão em cada uma das extremidades do buraco do nariz. Elas devem estar a 11,5cm uma da outra (ver diagrama). O espelho agora pode ser encaixado na faixa de cabeça.

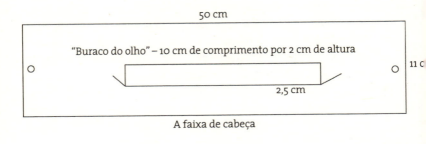

A faixa de cabeça

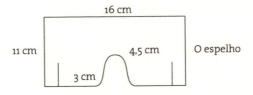

O espelho

Quando usar a faixa, você não deve olhar diretamente para a frente, mas para o espelho de papelão, através do buraco para os olhos.

Agora faça o teste.

dia 16

Andando em brasa e banhos frios

> **Tarefa**
> Prepare uma trilha de carvão
> em brasa ou tições de madeira

E isso não é tudo! Depois você vai ter de andar sobre ela.*
(Cuide depois de lavar seus pés em água fria – para o caso de haver pedaços de tição presos entre os dedos.)

Se você sobreviver a isso sem maiores queimaduras, como muitos faquires indianos e alguns hippies dos anos 1960 fizeram, ganhará uma visão da luta eterna da "mente contra a matéria".

Alternativamente...

(noite)

> **Tarefa**
> Tente mais uma vez exercer
> controle sobre seu corpo

Alguns de nós somos covardes demais para tentar alguns experimentos importantes (como andar sobre o fogo). Pelo menos todos podemos tomar um banho frio.

---

* Nem o autor nem o editor recomendam ou encorajam andar sobre carvão em brasa ou tições de madeira, e qualquer um que se aventurar o faz por sua própria conta e risco.

Encha a banheira de água fria.
Acrescente alguma espuma, para que ela pareça quente.
Tire a roupa.
Entre na banheira e tome um banho sem pressa, dizendo a você mesmo: "É muito relaxante! A água está no ponto certo."
Se você conseguir acreditar, isso constitui pelo menos um pequeno triunfo da "mente" sobre a "matéria"?

Ou apenas um triunfo da mente sobre o senso comum?

dia 17

R-pentomino

> **Tarefa**
> Fabrique alguns
> micróbios próprios

Uma das poucas coisas que parecem claras ao mundo, e também muito importante, é a distinção entre coisas vivas e inanimadas. No entanto, há outro tipo de quadro matemático que obscurece a distinção e que parece mesmo estar vivo. É uma coleção de pontos em uma grade, que crescem, se separam, dão à luz e morrem no mundo matemático, como se fossem micróbios de verdade em uma placa de Petri.

Essas peculiares figuras pontilhadas não usam equações, mas seguem simplesmente umas poucas regras. Essas regras são totalmente arbitrárias, assim como constantes fundamentais que guiam o universo parecem ser arbitrárias. Mas, no instante em que as regras variam, o sistema perde seu delicado equilíbrio entre a criação e a extinção emblemáticas da "vida". Assim, as três regras que governam nosso quadro pontilhado não são baseadas em nada, a não ser no fato de que produzem um resultado intrigante.

As três regras são:

Qualquer ponto que tem dois ou três vizinhos (isso contando as diagonais) sobrevive até a próxima "geração".

Qualquer ponto que não tiver dois ou três vizinhos não sobrevive. Ele "morre", e o quadrado fica vazio na geração seguinte.

Felizmente, qualquer quadrado vazio que seja tocado por três pontos, nem mais nem menos, torna-se um quadrado de "nascimento", com um novo ponto nele na geração seguinte.

O quadro se desenvolve em discretos saltos, ou "gerações". Para começar, qualquer número de pontos pode ser colocado aleatória ou esteticamente em uma grade, como quisermos. (Rabiscos em um tabuleiro de xadrez podem funcionar como um micróbio.) É claro que, quanto mais pontos houver, mais complicada fica a coisa. Então, para começar, talvez isto baste.

E isto é como a molécula se parece depois de deixada a reagir por umas duas centenas de "gerações".

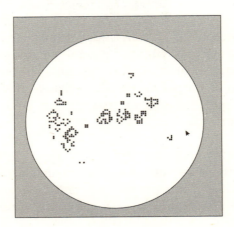

A misteriosa forma de vida r-pentomino (e amigos),
descoberta em 1970 por matemáticos.

Agora, a questão não é tanto "como chegamos aqui", que é matemática, e sim "está vivo?", o que é filosofia.

dia 18 (manhã)

Propriocepção (o teste de coçar narizes)

> **Tarefa**
> Engane os sentidos para pensarem que seu nariz tem um metro de comprimento

V. S. Ramchandran certa vez criou alguns "jogos" para mostrar como a percepção de nossos próprios corpos pode ser facilmente confundida. Alguns deles levam pessoas a perceber os corpos dos outros como se fossem seus. Em uma dessas atividades, uma pessoa – digamos, por razões literárias, Pinóquio – coloca uma venda e se senta atrás de alguém, ambos olhando na mesma direção. Então uma terceira pessoa pega a mão direita de Pinóquio e começa alternadamente a dar pancadinhas leves e mais fortes no nariz de outra sentada à frente dele. Até então, tudo previsível, mas então o assistente pega a mão esquerda de Pinóquio e começa a fazer a mesma coisa com o nariz dele.

Se isso for feito com cuidado, a pessoa com a venda começa a confundir as duas sensações e imaginar que elas devem pertencer ao mesmo nariz – que, no caso do boneco de madeira Pinóquio, tem um metro de comprimento.

Ouça o efeito McGurk

> **Tarefa**
> Induza seus sentidos a perceberem coisas que não existem...

Truques visuais existem aos montes. É mais difícil fazer truques com os ouvidos. Mas podem ser feitos.

Existe, por exemplo, um curioso fenômeno chamado efeito McGurk, em si mesmo um nome curioso.

Para reproduzir o estranho efeito, precisamos de um voluntário para ouvir, outro para fazer a mímica e alguém para falar. A pessoa que vai falar tem apenas de dizer: BAA! BAA! BAAA!

Como um carneiro, na verdade. Mas ela diz isso enquanto se posta imediatamente atrás do assistente que faz a mímica. Ou seja, o assistente abre e fecha a boca como se estivesse fazendo o som, mas sem emiti-lo (como alguns *popstars* fazem em seus shows supostamente "ao vivo" na TV). Enquanto isso, o voluntário que escuta observa os lábios da pessoa que faz a mímica *sem ser capaz de ver os da pessoa que realmente está falando*. Veja que coisa esperta.

BA! BAA! BAAA! BA! BAA! BAAA!

Diz aquele que fala, enquanto o outro faz a mímica. Mas note – o truque é que os lábios têm a forma de um som diferente:

GA! GAA! GAAA! GA! GAA! GAAA!

Como um bebê feliz, talvez. Não importa. O ouvinte observa seus lábios, na ignorância do truque, e simplesmente relata *o que ele na verdade ouviu*.

O que será?

A melhor coisa que você pode fazer é tentar.

dia 19 (manhã)

Faça uma caminhada numa trilha costeira muito longa

Tarefa
Meça-a em centímetros

Caminhos à beira-mar são quase sempre bonitos. Mas podem nos enganar. O equívoco causa mais irritação, por certo, é que eles podem ser mais longos do que você imaginou, e você acaba exausto.

O senso comum nos diz que uma linha costeira tem uma certa extensão, talvez como mostrado no atlas. Talvez nossa caminhada seja anunciada como de dez quilômetros. Mas, se você fizer a caminhada com uma roda de medição de, digamos, um metro de circunferência e a manobrar cuidadosamente ao longo da costa, incluindo todas as irregularidades, vai descobrir que ela é *muito* mais longa.

Pior ainda. Se jogássemos fora essa roda de um metro e pegássemos uma de dez centímetros, descobriríamos irregularidades que não notamos da primeira vez. Se diminuirmos persistentemente a escala, até um nível atômico, ainda continuaríamos encontrando irregularidades que se acrescentam ao comprimento total. O problema piora quando se leva em conta que o caminho da costa também tem altos e baixos. Essa distância extra também tem de ser acrescentada.

O cientista inglês Lewis Richardson, primeiro a se preocupar com essa inconsistência, nos anos 1920, notou que linhas costeiras têm comprimentos imensuráveis e envolvem velocidades também imensuráveis.

Por essa razão, matemáticos como Richardson e Benoit Mandelbrot dizem que o comprimento de uma linha costeira é indeterminado – depende essencialmente de que régua você usa para medi-la.

Agora, o problema é: e se ficarmos perdidos ou simplesmente desistirmos no meio do caminho em nosso trajeto pela costa (maior que o previsto)? Se nossa distância é incerta, *como vamos achar um telefone e pedir que alguém nos apanhe?*

dia 19 (tarde)

Faça uma cama de pregos

> **Tarefa**
> Passe a noite deitado nela*

(Tome muito cuidado quando deitar e quando sair da cama de manhã, e use um punhado de lã como travesseiro.)

> ## Instruções para fazer uma cama de pregos (cortesia de Dave Wiley)
>
> Materiais necessários:
>
> - Chapa de compensado de 66cm x 142cm x 2,5cm
> - Painel 66cm x 142cm x 0,63cm
> - 12 parafusos de madeira de cabeça chata, de 1"
> - 1.375 pregos de alumínio de 8"

---

* Nem o autor nem o editor recomendam ou encorajam se deitar numa cama de pregos, e quem se comprometer a tal experiência o faz por sua própria conta e risco.

Construção

- Corte ambas as partes de madeira no tamanho indicado.
- Marque uma grade na chapa de compensado com linhas de 2,5cm de distância, paralelas com as laterais e com as linhas de cima e de baixo.
- Faça um buraco em cada uma das interseções, usando uma broca do mesmo diâmetro dos pregos de alumínio, ou apenas ligeiramente menor, ortogonal à superfície da chapa.
- Coloque um prego através de cada um dos buracos.
- Use os parafusos de 1" para juntar a chapa de compensado e o painel.
- Se quiser embelezar um pouco, pinte as chapas depois de fazer os furos e faça um acabamento nas beiradas.

dia 20

Agora as coisas ficam realmente perigosas...

Tarefa
Olhe alguma coisa chata na internet

A internet está cheia de sites chatos e encorajou de diversas formas a escrita chata, os blogs chatos e os jogos "interativos" chatos. (Nota: Os "micróbios" do dia 17 estão lá, mas NÃO são nada chatos...) No entanto, a mais chata de todas essas coisas talvez seja a ideia de uma pequena câmera que tira fotos, não importa de que, e as posta automaticamente na internet de poucos em poucos minutos. É claro que isso também *poderia* ser interessante: há *webcams* em vários locais perigosos, como na beira do vulcão do monte Santa Helena, nos Estados Unidos, que oferece atualizações a cada cinco minutos de suas erupções mais ou menos contínuas. Ou há as câmeras "sexy", que tiveram como precursora a estudante americana Jennifer Ringley, em 1996 (quando ela tinha 19 anos), que se mostrava fazendo coisas cotidianas e discutivelmente sexy em seu dormitório. Em seu auge, Jennifer conseguiu cerca de 3 milhões de "hits" em um dia. Repito: 3 milhões *em um dia*. É mais do que o vulcão conseguiu! Mas isso parou em 2003, logo depois que ela tentou começar a cobrar pelas imagens.

Outra novidade eticamente suspeita foi o site do Observatório da Fronteira do Texas.

Esse experimento, de um mês de duração, usou várias *webcams* conectadas para fornecer imagens ao vivo na fronteira de 1.984 quilômetros entre o Texas e o México. A ideia era atrair as pessoas para assistir e reportar qualquer pobre mexicano que estivesse tentando se infiltrar na terra da bonança em massas desordenadas. Imagens estáticas de cercas de arame farpado em terras áridas se mostraram uma atração irresistível. Em um mês, cerca de 25 milhões de pessoas assistiram às imagens, e milhares relataram os incidentes que viram. O Texas agora planeja abrir um sistema de vigilância por *webcams* em tempo integral.

Agora, navegue até o próximo website chato...

dia 21

Rabiscos

Tarefa
Desenhe alguma coisa

Artistas, como escritores e todas as pessoas criativas, sabem que a parte das "ideias" é a mais difícil. Não é à toa que os redemoinhos aleatórios de tinta de Jackson Pollock foram escarnecidos – porque ofendem ao tentarem escapar do planejado. Parece muito fácil produzir pinturas jogando tintas de cores diferentes sobre papel, e inteiramente arbitrário dizer quais são artísticas – já que essencialmente os resultados são aleatórios e imprevisíveis de saída. Mas, de uma forma mais sutil, a "arte representativa" de um cenário bucólico, com um nobre sentado em seu enorme cavalo, também é igualmente sem imaginação, no sentido de que segue a realidade. Quadros com borrões, pinturas clássicas e modernas são todos julgados em grande parte por critérios técnicos.

Mas não estamos interessados em nada disso. Apenas queremos investigar o poder da imaginação das pessoas. E para isso um rabisco funciona.

Desenhe simplesmente isto: um quadro simples contendo um quadrado, um círculo e uma cruz em algum lugar dele.

SEMANA 4
Investigações filosóficas variadas

dia 22 (manhã)

O problema de Molyneux

> **Tarefa**
> Chega de tarefas perigosas.
> Pausa para conceituar

Em meio à leitura daquele baú de tesouros sobre os experimentos da mente, o *Ensaio sobre o entendimento humano*, de John Locke, há uma carta enviada ao grande filósofo por um "muito engenhoso e estudioso promotor do conhecimento real", o cientista e político William Molyneux, postulando um problema que invoca supostas divergências entre vários tipos de percepção.

Eis o que diz o sr. Molyneux:

> Suponha que um homem tenha nascido cego e agora, adulto, tenha aprendido pelo toque a distinguir um cubo e uma esfera do mesmo metal e aproximadamente do mesmo tamanho, para que ele possa dizer, quando sentir um e outro, qual é o cubo e qual é a esfera. Suponha então que o cubo e a esfera estejam sobre uma mesa para que o cego veja. A pergunta é: ele pode, com sua vista, antes de tocá-los, saber agora distinguir qual é o globo e qual é o cubo?

O "arguto e judicioso" correspondente de Locke oferece sua própria resposta, que é brevemente "não", explicando que o cego hipotético

> obteve sua experiência de como um globo ou um cubo afetam seu toque, mas não obteve ainda a experiência de que o que afeta seu toque desta ou daquela maneira deve afetar sua visão desta ou daquela maneira; ou que um ângulo protuberante no cubo, que pressiona sua mão de forma desigual, deve aparecer a seus olhos como aparece no cubo.

Mas como é que podemos saber?

O quarto de Mary

> **Tarefa**
> Por que isto está aqui?

Um semelhante experimento filosófico do pensamento foi proposto pelo acadêmico australiano Frank Jackson em 1982, e valeria pouco repetir (como um programa datado de TV em preto e branco) se não fosse pelas estranhas reações de vários filósofos acadêmicos eminentes, como Daniel Dennett, David Lewis e Paul Churchland. Elas foram reunidas em um livro chamado *There's Something About Mary*, de 2004.

O experimento, como proposto originalmente, é o seguinte:

> Mary é uma cientista brilhante que, por alguma razão, é forçada a investigar o mundo de um uma sala preta e branca por meio de um monitor de TV em preto e branco. Ela se especializa na neurofisiologia da visão e adquire, vamos supor, todas as informações físicas que se pode obter quando vemos tomates maduros, ou o céu, ou usamos termos como "vermelho", "azul" e assim por diante. Ela descobre, por exemplo, quais combinações de comprimentos de onda do céu estimulam a retina, como isso produz via sistema nervoso central a contração das cordas vocais e a expulsão de ar dos pulmões, que resultam no proferimento da sentença: "O céu é azul."

O desafio de Frank é: o que vai acontecer quando Mary for libertada de seu quarto em preto e branco, ou quando lhe derem um monitor de TV colorido? Ela vai aprender alguma coisa ou não?

Em outras palavras, devemos imaginar uma cientista que sabe tudo sobre a ciência da cor, mas que nunca experimentou a cor. Mary aprenderia alguma coisa nova depois de experimentá-la?

dia 23

Incapaz de ver a mudança

> **Tarefa**
> Cheque se a pessoa com a qual você vive ou trabalha é a mesma de ontem

Certa vez, como parte de uma imaginosa investigação psicológica, alguns pesquisadores pararam pessoas na rua e lhes pediram orientação. Mas, no meio da explicação do transeunte sobre como chegar à prefeitura, ou a um lugar do tipo, dois colegas dos pesquisadores caminhariam entre os psicólogos e sua vítima carregando uma porta e momentaneamente obstruindo a sua visão dos outros.

Nesse ínterim, outro pesquisador trocaria de lugar com o primeiro, com um jaleco branco e uma prancheta na mão. O curioso é que, em mais de metade dos casos, as pessoas continuavam a dar explicações ao pesquisador sem perceber que ele havia se transformado em outra pessoa.

Isso levanta a questão:

Como sabemos se as pessoas a nossa volta não estão também sendo trocadas – nossos pais, os filhos das pessoas ou mesmo nossos amigos?

dia 24

Teoria da cascata

> **Tarefa**
> Conduza (ou melhor, forje) uma discussão

Para isso você precisa de um grupo, e quanto maior, melhor.

Nos anos 1950, o psicólogo social americano Solomon Asch descobriu que as pessoas estavam muito dispostas a mudar suas opiniões até mesmo sobre temas diretamente factuais, para poderem "caminhar com o rebanho".

Num famoso experimento, ele mostrou a um grupo de voluntários cartões com diversas linhas desenhadas e pediu a eles que determinassem quais linhas eram as mais longas. Sem que uma das pessoas do grupo soubesse, todos os outros eram, na verdade, voluntários previamente instruídos a afirmar coisas que obviamente não eram verdade, como que uma linha claramente mais curta que a outra era na realidade um pouco mais longa...

Veja, por exemplo, a imagem na página 185 (Apêndice A – também foram acrescentadas "dicas").

Descobriu-se que, quando um número suficiente de seus companheiros lhes diziam para agir assim, um terço das pessoas estava completamente disposto a mudar de ideia e (desprezando qualquer evidência) se curvar docilmente à pressão dos parceiros.

Então, para fazer este experimento, prepare seu grupo de "discussão" para concordar que, no Apêndice A, a linha B é mais longa, a A e a C são iguais, e que o aparente engodo é uma ilusão de ótica bem conhecida. Se você quiser, alguns de seus "voluntários" podem aparentemente ser "levados" a ver isso durante a discussão!

Você pode desenvolver a ideia assegurando que todos tenham três pontos de início para uma discussão do tipo que ninguém sabe a resposta certa – se é que na verdade há alguma. Por exemplo:

- Dietas com pouca gordura reduzem doenças do coração.
- Aumentos de emissões de CO_2 causam temperaturas globais mais altas.
- A série de livros *Harry Potter* sobre um garoto feiticeiro é uma grande diversão para todas as idades, mas especialmente para crianças, e é uma bela leitura. É um presente recomendável.

Ou, se você ainda conseguir se lembrar:

- O *best-seller* sobre filosofia *O mundo de Sofia* é uma grande diversão para todas as idades, mas especialmente para crianças, e uma bela introdução à filosofia.

Peça às pessoas que escrevam silenciosamente suas opiniões sobre cada uma delas em uma folha de papel com uma escala de 1 a 5: 1 se concordarem fortemente, 5 se discordarem e 3 se forem neutras. (Aqui podemos ser um pouco técnicos.)

Então, diga que você quer chegar a um consenso sobre a questão combinando as informações de todos. Pegue alguém a esmo para falar o que pensa e diga a todos os outros que se sintam livres para mudar seus rankings se acharem que têm informações novas e úteis. Depois, fale com o grupo, pegando as opiniões de todos.

No entanto, a observação necessária não é "qual é a resposta", mas, sim, se as pessoas estão sendo empurradas para um consenso.

Explique-se!

> **Tarefa**
> Tente prever seu dia

Na vida, uma pessoa sai de casa atrasada um minuto, tromba com um velho amigo que lhe oferece um emprego como secretária, é vista um ou dois anos depois no escritório por um diretor de cinema famoso e se torna uma estrela – e é atropelada por um caminhão a caminho de Los Angeles, para receber o Oscar. Isso é o que os matemáticos chamam de "dependência sensitiva a condições iniciais". É também, claro, o que torna grande parte da vida tão imprevisível.

A maior parte das coisas varia de maneira não previsível, não linear. Mas é da natureza humana sempre procurar padrões, o que fazem igualmente cientistas e investidores. Mas o padrão pode não estar lá.

Olhando a coisa de um jeito equânime, a pessoa, como "agente racional", recusou a oferta para se tornar uma secretária – ou a única oportunidade de ser uma estrela de cinema?

dia 26

Investigando a desrazão e a discussão

Tarefa
Jogue com a ambiguidade

Uma ótima maneira de sempre conseguir as coisas de seu jeito é brincar com a ambiguidade da linguagem. Já que esta é também a fonte da maioria dos argumentos, trata-se de uma tática com alguns perigos. Entretanto, suponha que saibamos perfeitamente bem o que alguém quer dizer, mas queiramos interpretar mal suas palavras. Há muitos jeitos de se fazer isso.

Suponha, por exemplo, que estejamos discutindo a opinião de Zeno sobre o espaço e o tempo, um tema adequadamente obscuro.

> OPONENTE INGÊNUO: Como você sabe, o tempo é um contínuo que não pode ser dividido em instantes – porque, de outra maneira, a flecha cairia no chão e Aquiles perderia a corrida.
> VOCÊ (*apontando para os significados possíveis da palavra "tempo"*): Você quer dizer que dias não podem ser divididos em horas e minutos?

(Isso confunde a questão, já que estamos assumindo uma medida convencional de tempo que, por definição, pode ser dividida por outras medidas convencionais de tempo.)

> OPONENTE INGÊNUO: Dias, por definição, são divididos em horas e segundos. Não importa o que alguém pense sobre o tempo.

(Caramba! Hora de tirar outra carta da manga. Um contraexemplo ridículo?)

VOCÊ: Bom, e os dias, então? Você quer dizer que os dias não são nada além de criações de convenções, e que o sol não se põe de noite, a não ser por convenção?

Quem ganha?

dia 27

Mensagens subliminares

> **Tarefa**
> Conscientize-se das mensagens escondidas a seu redor

Nos anos 1950, a economia americana estava morosa, e se gastou muito dinheiro em pesquisas sobre como fazer com que as pessoas *quisessem* comprar coisas. Foi nesse cenário que o especialista em marketing James Vicary se apresentou para anunciar ao geralmente uniforme público americano que tinha conseguido sucesso em persuadir espectadores de uma sala de cinema a comprar 20% mais Coca-Cola e surpreendentes 60% mais pipoca durante os intervalos. Tudo isso simplesmente colocando as mensagens "**B**eba Coca-Cola" e "Fome? Coma pipoca" em fotogramas durante a projeção, talvez não sem relevância, do filme *Férias de amor*, com Kim Novak. **E**ntretanto, como as imagens duravam 1/300 de segundo, muito pouco para alguém tomar consciência delas, tudo pareceu sorrateiro e eficaz...

O experimento gerou numerosos esforços para identificar meios sutis, ou nem tanto, de influenciar os pensamentos das pessoas pelo uso de mensagens "subliminares". Estações de rádio tocavam mensagens "sussurradas" como "Compre gasolina Oklahoma", enquanto a emissora de TV KTLA, de Los Angeles, persuadiu a prefeitura (e isso não é por si mesmo um triunfo da técnica?) a pagar 600 mil dólares para incluir mensagens subliminares de serviço público durante suas transmissões. Supermercados **B**otaram câmeras para observar os movimentos dos olhos de consumidores (e descobriram que muitos deles estavam em um tipo de transe) e programas importantes de TV passaram **A** contar com imagens aparentemente acidentais de produtos ou marcas – de carros, bebidas ou batons – que eram inseridas não por razões criativas pelos produtores, mas por dinheiro.

De forma semelhante, produtos lucrativos de autoajuda desde então têm de incluir mensagens subliminares **C**omo "eu tenho autorrespeito e autoestima", enquanto outros escolheram esconder mensagens por NENHUMA razão aparente, a não ser pelo fato de elas estarem "ocultas". Grupos pop, incluindo os Beatles, esconderam mensagens cifradas em suas capas e músicas. E **H**á o caso do grupo de heavy metal Judas Priest, que foi parar no tribunal por ter escondido a palavra "Faça" em uma música e, assim, encorajado pessoas a se matarem. Na eleição americana de 2000, democratas acusaram o Comitê Nacional Republicano de ter incluído mensagens subliminares em seus anúncios, destinados a fazer as pessoas pensarem que **Al** Gore era um desertor.

Desde então, muitas pessoas ainda fazem isso... que extraordinário!

Então, qual é a mensagem oculta neste texto?

dia 28 (manhã)

O poder da oração

Tarefa
Reze um pouco

Equipamento necessário: quietude, espaço espiritual, líderes mundiais,* avião,* armas nucleares*

Esta é uma investigação filosófica, para não dizer teológica, bem simples.

Para fazê-la, precisamos apenas pensar em algo que gostaríamos de mudar, para não dizer "melhorar", tal como o tempo ou talvez o progresso de nosso time de futebol favorito. É claro que é importante separar as mudanças devidas a nossas orações daquelas que ocorreriam de qualquer maneira. Por essa razão, é melhor

> rezar para que todos os líderes mundiais sejam mortos em um acidente de avião a caminho de um encontro de cúpula e que o Armagedon nuclear seja instaurado no caos consequente.

Reze para que isso aconteça, até de joelhos se achar que ajuda, todas as noites durante uma semana, digamos. (Se a oração parece negativa, para não dizer grosseira, por razões que deverão ficar mais claras depois, é uma oração "segura" para se começar.)

Agora, usando métodos sensoriais convencionais, vá para a rua todas as manhãs para ver se o que você desejou aconteceu.

---

* O controle direto desses três elementos não é necessário, mas eles têm que meramente existir em algum lugar.

(tarde) dia 28

Reze por boas colheitas

Tarefa
Reze um pouco mais

Equipamento necessário: mudas, dois vasos, dois regadores

Eis um modesto teste da força da mente na influência da matéria bruta, envolvendo os mais frágeis e sensíveis elementos do reinado das plantas – as mudas – e dois regadores.

O elemento mental vem do fato de que se rezou por um dos regadores para que ele tivesse poder espiritual, sendo que o outro conteve apenas e simplesmente água. Se quiser, pode pegar também um terceiro regador, que você pode amaldiçoar regularmente, para dar a ele "vibrações negativas".

O experimento é simples: regue um dos vasos com a água "benta" e o outro com a água "comum". Se houver uma água "amaldiçoada", acrescente um terceiro vaso com mudas infelizes. Depois de cerca de uma semana, você pode simplesmente medir o crescimento das plantas – tudo de forma muito científica – para demonstrar ou não se pensamentos podem ser comunicados às sensíveis mudas dessa forma evidentemente misteriosa.

Equipamento para testar os efeitos da água benta e da água amaldiçoada.

dia 29

O horror e a beleza, ou vice-versa

Tarefa
Tenha uma visão – ou pelo menos um sonho

Hildegarda de Bingen, décima criança de uma família de aristocratas alemães do século XII, está na lista um pouco mirrada de mulheres escritoras como uma espécie de filósofa. No entanto, a fonte de suas percepções não era exatamente filosófica: a partir da infância, ela teve incontáveis "visões" de grande claridade e beleza. Uma das primeiras foi a de uma das vacas dos Bingen parindo um bezerro. Ela viu o delicado animal com muita nitidez: "branco... marcado por manchas de diferentes cores em sua testa, patas e costas". Depois dessa premonição, sua espantada mãe recompensou a criança com o bezerro recém-nascido. Após outras visões, ela teve uma recompensa maior aos 8 anos, quando seus pais a enviaram a um convento local para viver nas ordens sagradas.

A maioria das pessoas tem visões, mas nós as contamos meramente como sonhos, e em sua maior parte o conteúdo não é mais marcante que, digamos, as cores das manchas de uma vaca. E mesmo que essas visões sejam parte de uma mensagem metafórica mais profunda, a maioria delas será esquecida alguns minutos depois do despertar.

O próprio Freud declarou, no fim do século XIX, que todos os sonhos continham uma "estrutura psíquica com um significado", mas, apesar disso, a informação obtida das "interpretações de sonhos", sem falar nas visões, tem hoje um status dúbio. Não ajuda Freud ter insistido que o verdadeiro significado de um sonho era sempre sexual. (A própria Hildegarda logo interpretou seus sonhos dessa forma, principalmente como alertas contra as más consequências do ato sexual, especialmente quando realizado por puro prazer.)

No entanto, Carl Jung, diferentemente de Freud, seu mentor, como Hildegarda, considerava que sonhos e visões têm muito mais poder e significados profundos que os meramente físicos ou sensuais. E, num momento decisivo de sua vida, quando estava lutando para desvencilhar seu trabalho da psicologia freudiana, ele teve também uma visão, no caso, um drama interior que parecia prever um desastre:

> Em outubro, quando estava sozinho em uma viagem, fui subitamente tomado por uma visão avassaladora: vi uma enchente monstruosa cobrindo tudo das terras do norte e das terras baixas entre o Mar do Norte e os Alpes. Quando elas chegaram à Suíça, vi que as montanhas cresciam cada vez mais para proteger nosso país. Percebi que uma assustadora catástrofe estava em progresso. Vi imensas ondas amarelas, o lixo flutuante da civilização e os corpos afogados de incontáveis milhares de pessoas. Depois todo o mar se transformou em sangue.

Duas semanas se passaram, e a visão ocorreu de novo, sob as mesmas condições, de forma mais vívida que a anterior, com maior ênfase no sangue. Ao mesmo tempo, uma voz falou:

> Olhe bem para isso; é muito real, e o será. Você não pode duvidar.[1]

Então você pode levar seus sonhos mais a sério e requalificá-los como visões. Só falta decifrar.

---

[1] Carl Gustav Jung, *Memórias, sonhos e reflexões*, 1963.

Coisas estranhas

> **Tarefa**
> Realize uma telepatia

Sir William F. Barrett, um respeitado físico e cientista, explicou certa vez como havia se tornado um dos luminares da Society for Psychical Research (que até recentemente financiava uma cadeira da altamente respeitável Universidade de Edimburgo, na Escócia). Parece que tudo começou após algumas experiências que o levaram a acreditar que realmente existia algo novo para a ciência, o que chamou provisoriamente de "transferência de pensamento", conhecida mais tarde como telepatia.

No primeiro encontro geral da Sociedade, em 17 de julho de 1882, ele leu um estudo intitulado "Primeiro relatório da leitura da mente":

> Há diversas escolhas para explicar a ação da telepatia. A primeira se compara à telegrafia sem fio. Nesta hipótese, supõe-se que ela se deva à ação de ondas etéreas: o pensamento causa movimento em células cerebrais do agente, e as células então partilham o movimento com o éter circundante em forma de ondas, que se colidem com as células do cérebro do percipiente e dão lugar ao pensamento correspondente àquele que começou como o movimento de onda etérea.

Essa excelente teoria não estaria fora de lugar em um daqueles livros pop de ciência de Stephen Pinker ou Richard Dawkins – aqueles cheios de coisas sobre "disparos neuronais" no cérebro e sinapses abrindo e fechando como portas lógicas em um computador obediente. O único problema com ela é que obviamente não se trata do caso. Por sorte, sir William tem muitas outras teorias, uma das quais solicita nossa atenção aqui: a ideia de que a telepatia ocorre na mente subconsciente, e que a mente subconsciente de uma pessoa pode se contatar com as mentes de outros "por meio de uma mente universal subjacente a todas as coisas". Mentes subconscientes individuais são meramente pequenos pedaços dessa "mente universal".

Na verdade, isso se parece um pouco com a teoria de Spinoza (o filósofo dos filósofos) de que cada mente humana é parte de algo eterno e indestrutível. Como ele coloca em seu sério trabalho *Ética*, a mente humana "absolutamente não pode ser destruída com o corpo, mas é algo que permanece e que é eterno". Bobagem? Talvez. Mas uma bobagem de classe. De qualquer modo, Spinoza tinha seus padrões de evidência:

> E embora seja impossível relembrar que existimos antes do corpo – já que não pode haver qualquer traço disso no corpo, e a eternidade não pode ser definida pelo tempo nem ter qualquer relação com o tempo –, ainda assim sentimos e conhecemos pela Experiência de que somos eternos.

No entanto, a Sociedade de Pesquisa Psíquica nunca decidiu qual teoria preferia. E o interesse de sir William era menos na teoria que na prática. Ele continua:

> Minha primeira experiência com a transmissão de imagens de desenhos e diagramas ocorreu nas salas da Sociedade de Pesquisa Psíquica, em maio de 1902. A senhorita M. Telbin foi a percipiente, e eu, o agente. Estavam presentes na ocasião o senhor J. G. Piddington, secretário honorário da Sociedade, e o senhor Thomas, então o secretário em exercício.

Tudo muito apropriado e bem acima de qualquer suspeita de truque.

Durante o primeiro experimento, a senhorita Telbin, a quem não conhecia, sentou-se com as costas voltadas para uma grande tela opaca. Em frente a ela havia uma pequena mesa sobre a qual repousava uma bola de cristal. Pediu-se a ela que olhasse o cristal e descrevesse qualquer visão que nele aparecesse. (Devo acrescentar parenteticamente que o objetivo de se olhar o cristal é o de concentrar a mente e afastá-la de influências exteriores. O que é visto no cristal não existe objetivamente, e sim na mente daquele que vê.) Do outro lado da tela, inteiramente escondidos da senhorita Telbin, estávamos o senhor Piddington e eu. Este cavalheiro começou a tirar de uma caixa, que estava atrás da tela e no chão, entre a cadeira dele e a minha, diversos artigos, e a passá-los silenciosamente para mim, um de cada vez. Eu então concentrei minha mente sucessivamente em cada artigo. A senhorita Telbin fez um relato do que via no cristal, e o senhor Thomas, que se sentava em uma posição na qual não podia ver nem a mim nem ao senhor Piddington, anotava o que ocorria.

O primeiro artigo entregue a sir William foi uma gravura do castelo de Windsor. Ele prontamente concentrou sua atenção nele, enquanto a senhorita Telbin descrevia a "visão que se apresentava a sua mente".

Castelo

A senhorita Telbin sugeriu que podia ver árvores no canto esquerdo do quadro, haveriam cabanas também...?, e seguramente havia água – um fosso, talvez?... mas... que coisa... ela não mencionou um castelo. Isso pode ter sido desencorajador, mesmo que, mais tarde, durante outro experimento, a senhorita Telbin subitamente tenha anunciado que uma visão do castelo de Windsor lhe viera à mente!

Isto, notou sobriamente sir William, devia ser tomado como uma telepatia atrasada.

O que mais podia ser?

Então, pegue agora algumas figuras simples – cartas de baralho podem servir – e envie telepaticamente as imagens para seu amigo sentado do outro lado da porta.

Manipulando as mentes na fazenda

Tarefa
Leia as entrelinhas...

Quando o famoso escritor de esquerda George Orwell morreu, em 1950, o então chefe da CIA, E. Howard Hunt (que ficaria mais tarde famoso com o Caso Watergate), imediatamente despachou um agente para Londres para tentar convencer a viúva a vender os direitos de *A revolução dos bichos* para o cinema.

Essa parábola socialista de inúmeras edições começa quando, certo dia, os animais da Quinta Manor decidem se livrar de seu preguiçoso dono humano e começar a dividir o trabalho (e a produção) da fazenda de maneira justa entre si. Eles criam sua própria democracia com uma miniconstituição de sete regras – pintadas na lateral de um paiol – pelas quais todos juram viver. Uma delas é: "Qualquer coisa que ande em duas patas é um inimigo." Outra, mais importante: "Todos os animais são iguais."

Mas quando *A revolução dos bichos* estreou no cinema, cinco anos depois, numa doida versão animada, seu fim era sutilmente diferente. No último capítulo do livro, os animais da fazenda espiam pela janela da velha sede e veem os porcos e alguns fazendeiros humanos vizinhos sentados em torno de uma mesa, bebendo e jogando cartas. No entanto, na cena final do filme, a imagem dos humanos jogando com os porcos desaparece. Em vez disso, os animais que espiam pela janela veem e rejeitam apenas os sórdidos porcos.

E agora a mensagem do filme é direta: o comunismo é ruim.

Importa? Certamente simplificou a trama...
Mas as coisas iriam piorar. Satisfeita com a resposta à *A revolução dos bichos*, a CIA também conseguiu os direitos para o cinema de *1984*. Guiada pelo mesmo tipo de respeito à Convenção de Genebra, pelo qual é famosa, a Agência imediatamente desprezou as instruções específicas de Orwell para que a obra não fosse alterada, e distorceu seu fim também. Lembre-se de que, no livro, Orwell descreve a sociedade que, como o sobrinho de Freud, havia previsto todos aqueles anos antes:

> Aqueles a cargo do controle da opinião pública são um 'governo invisível', uma elite que 'puxa os cordões que controlam a mente do público.'[2]

No fim do livro, que começa quando os relógios obedientemente batem 13 horas, a comando das autoridades, o herói de Orwell, Winston Smith, depois de tentar "resistir", acaba totalmente derrotado pelo pesadelo de um regime que tudo vê, tudo sabe e tudo controla. A última linha do livro diz que ele, desoladamente, agora "amava o Grande Irmão".

Reescrever a parte final de *A revolução dos bichos* é apenas um exemplo de até que ponto a CIA podia frequentemente chegar em sua cruzada pelo capitalismo e pelo modo de vida americano. Com dinheiro efetivamente ilimitado desviado da reconstrução da Europa depois da Segunda Guerra, canalizado através de organizações como a Fundação Farfield e o Congresso pela Liberdade Cultural, ela fez muito, muito mais. Na verdade, nos cinquenta anos depois do fim da Segunda Guerra, havia remodelado a vida intelectual europeia. A CIA:

• Patrocinou exposições de arte, conferências, concertos e revistas.

---

[2] *Propaganda*, 1928.

- Pagou a simpatizantes para escrever artigos e editoriais em jornais.
- Pagou publicações de livros, especialmente os de filosofia, que promoviam "o iluminismo" e o "racionalismo".
- Bancou algumas das primeiras exposições de expressionismo abstrato, como os respingos de tinta de Jackson Pollock em telas no chão.
- Traduziu e contrabandeou para o outro lado da Cortina de Ferro trabalhos estranhos como "A terra desolada", de T. S. Eliot.

Tudo na tentativa de minar a influência cultural de Moscou. Quando a CIA terminou seu trabalho, ninguém sabia quem era um artista ou intelectual radical e quem era um idiota útil.

Mas talvez *não* haja qualquer diferença.

PARTE 2
Reflexões

SEMANA 1

Influenciando a mente réptil

dia 1

Palavras

A questão é ardilosa. Paul Brooks, um neurologista contemporâneo, ou Doutor da Mente, como podemos chamá-lo, levanta este e muitos outros temas estranhos em seu *Into The Silent Land*, e a frase sobre "os centros de linguagem da mente" é dele. Mas o estudioso não responde à questão. Parece que a neurociência, assim como a filosofia, tem problemas para lidar com os mistérios da consciência. Tudo que Brooks tenta oferecer é o *insight* de que mentes emergem de processos e interações, e não de introspecção, como Descartes pareceu imaginar. "Em certo sentido, habitamos o espaço entre coisas", diz Paul Brooks. "Subsistimos no vazio."

dia 2

Identificando o réptil

Quando se pede a pessoas que respondam sobre este assunto, a maioria delas tenta usar sua "inteligência". Afinal de contas, todos nós queremos impressionar os outros. Mas naturalmente a inteligência aqui é inútil. A mente réptil não "pensa", ela apenas se lembra.

Então, jogue fora essa primeira tentativa – produto da mente cerebral – e tente de novo, anotando agora algumas das outras associações. E daí, quem sabe, vire esta página também e faça uma terceira lista, colocando qualquer coisa que lhe vier à cabeça.

As "respostas"

Repare que (em inglês, pelo menos) todas as palavras-alvo começam com "c". (Embora seja francês, Rapaille trabalha nos Estados Unidos e utiliza o inglês.) Na verdade, não sei se ele foi muito além da terceira letra do alfabeto, mas nem precisava fazer isso, uma vez que já ficou tremendamente rico depois de aplicar sua teoria a serviço de outro tipo de entidade que tem problemas de comunicação: as grandes corporações. Dessa forma, ele ajudou uma poderosa multinacional de alimentos a vender café para os japoneses – que até então não o desejavam.

Ele também explicou a outra multinacional como vender carros maiores, mesmo para consumidores que antes pensavam que queriam ser econômicos ou ecológicos. Mais impressionante que tudo, ajudou um fabricante de tabaco a vender cigarros para "uma nova geração".

Como ele conseguiu? O que deu errado? Parece que tudo começou quando ele ainda era um médico lecionando na Universidade de Genebra, e um aluno perguntou se o pai dele também poderia comparecer a uma aula. Quando esta terminou, o pai ficou muito impressionado e disse: "Sabe, doutor, tenho um cliente para o senhor." Rapaille, contando a história, disse que ficou lisonjeado e perguntou: "É um menino? Uma menina? Não consegue falar?" Mas o pai respondeu: "Não, não, é a Nestlé." E Rapaille, é claro, muito surpreso, exclamou: "Nestlé?! O que eu posso fazer pela Nestlé?" E o homem explicou que a companhia estava tentando vender café instantâneo para os japoneses, mas não estava dando certo. Rapaille nunca mais foi o mesmo.

Afinal de contas, como ele explicou depois, resultados terapêuticos com crianças são lentos e difíceis de obter. Já resultados de marketing com o público em geral são fáceis e rápidos, sem mencionar que são incrivelmente lucrativos. Tudo que você precisa saber são os "códigos".

O que são os códigos? Para os 3 Cs, por exemplo?

• *Café*

As principais associações para muitos bebedores de café europeus são "aroma" e "lar". Por quê? Porque bebês não tomam café. Eles não gostam do gosto. Mas se lembram do cheiro.

É por isso que comerciais de café sempre falam do aroma e mal mencionam o gosto. Como Rapaille explicou a um jornal americano, acrescentando:

> Não sei se você se lembra do comercial, mas estava em código... Tem um cara chegando do exército com uniforme. A mãe está no andar de cima dormindo. Ele vai direto para a cozinha, abre o café e o cheiro... você sabe, desenhamos a embalagem para nos assegurarmos que ele fosse cheirado de imediato.
>
> ... Ele prepara o café. O cheiro do café sobe as escadas, e a mãe que estava dormindo acorda e sorri. E sabemos a palavra que ela vai dizer, porque o código para aroma é "casa". Então ela vai dizer: "Oh, ele está em casa." Ela desce correndo a escada e abraça o filho. Nós testamos a coisa. Na P&G eles testam quatrocentas vezes. As pessoas choravam. Por quê? Porque acertamos com a lógica da emoção.

O código para "café" é infância, lar.

Mas agora vamos ver no Japão. Os japoneses nem têm uma memória do café na infância – o que Rapaille chama de primeira impressão. O que eles têm na verdade é um fascínio cultural pelo café. Então, a primeira coisa que a Nestlé tinha de fazer era desistir de vender café como uma alternativa para chá e tentar, em vez disso, criar um grupo de consumidores já "impressionados" pelo gosto do café.

Ela começou primeiro anunciando uma sobremesa para crianças com gosto de café. Logo, começou a vender café através de outras coisas que eram doces, sempre jogando sub-repticiamente com essa memória infantil. "E quando as crianças viraram adolescentes, a empresa descobriu que ela tinha um grande mercado para o café no Japão", finaliza Rapaille, com orgulho.

• *Carros*

E o carro? Qual é o código secreto para ele? Bem, carros têm dois faróis e uma grade, isto é, um rosto, e eles têm personalidade, ou seja, uma identidade. Os consumidores gostam de comparar a "identidade" do carro com a de si próprios.

O código para carro é "olhe para mim".

Por outro lado, se você pergunta às pessoas sobre a escolha de seus carros, elas sempre vão responder com o "córtex". Naturalmente, têm boas razões: como ele é rápido, como é seguro ou quanto combustível gasta. Elas não percebem que, na verdade, escolhem o carro porque gostaram da "cara" dele, sua "expressão", sua "voz".

Se você lhes perguntar por que precisam de um carro com tração nas quatro rodas para ir às compras, eles darão uma porção de explicações aparentemente racionais, como: "Bom, eu preciso porque pode vir uma nevasca", ou "Sabe, às vezes ando em estrada de terra", mas que não têm nenhuma relação com a vida real da pessoa.

Pegue aquele monstro urbano, o Hummer, um carro grotescamente ineficiente, aparentemente destinado a atropelar pedestres. O Hummer é um típico veículo 4x4, com suas barras frontais prontas a esmagar pessoas e animais que atravessarem seu caminho. O bom doutor coloca as coisas assim: "Um carro é uma mensagem. Ele tem olhos, uma boca, um queixo. Tem um rosto, e este rosto fala com você." E o Hummer é uma máquina de guerra, que diz:

Se você quer lutar, eu posso lutar. Mas você vai morrer.

Então por que alguém (exceto os psicopatas, certamente um mercado menor que os não psicopatas) quer comprar essas coisas? Rapaille explica:

> Acho que você tem de ir além das palavras, e meu treino com crianças autistas é porque eu tenho de entender o que elas estão tentando me dizer sem palavras... Como eu posso decodificar um tipo de comportamento que não é uma palavra? Minha teoria é muito simples. O réptil sempre vence. Não importa o que você vai me dizer intelectualmente. Não importa. Eu fico com o réptil. Por quê? Porque ele sempre vence.

Arma

• *Cigarros*

E os cigarros? Os répteis descobriram que os cigarros estão impressos nas mentes infantis como "não permitido", "parte do mundo adulto" e, sim, "perigosos".

O "código" para cigarros é proibido, adulto, arriscado.

Naturalmente, então, quando governos obrigam fabricantes de cigarros a colocar avisos dizendo que seus produtos são apenas para adultos, proibidos para menores de 18 anos, e a imprimir em suas embalagens: ADVERTÊNCIA: Cigarro pode matar!, eles estão apenas *aumentando* o atrativo dos produtos para os fumantes potenciais.

Rituais

E há os rituais. Carros, café, cigarros – todos podem ser entendidos como rituais. Rapaille aconselhou seus clientes da indústria do cigarro a enfatizarem particularmente os elementos do ritual em seus anúncios. Fumar e dirigir são rituais que carregam um poder especial. São ritos de iniciação à maturidade.

- Ritos funerais servem para canalizar e controlar emoções.
- Aniversários e festas de casamento ajudam a estruturar o tempo.
- Regras de etiqueta reforçam laços sociais.

Rituais usam certas técnicas, como a repetição de elementos. Eles têm significados que vão além de ações imediatas, têm elementos místicos – cantos, cores especiais, movimentos, efeitos, fogo. Dizem respeito a tabus e por vezes fazem parte de "cerimônias de iniciação".

dia 3

A falácia do fato solitário

Cara ou coroa? São coisas muito mais prováveis do que a gente imagina. Se você jogar uma moeda vinte vezes, a chance de conseguir quatro coroas em sucessão (em algum lugar da sequência) não é menos provável do que *não* conseguir quatro coroas em sequência. As chances de acontecer uma das duas coisas é mais ou menos a mesma. Mas parecemos ter uma tendência pré-programada de enxergar padrões na natureza, mesmo quando eles não existem. É parte da busca humana por significado e propósito, nosso modo de estruturar um universo que pode apenas refletir a dança da energia, o jogo do aleatório em um ruído sem significado...

Sim, sim, mas uma sequência de quatro coroas! Isso parece muito significativo, ainda que não seja. Se você conseguir alguém que aceite sua aposta, pode fazer um belo lucro "a longo prazo". Na verdade, mesmo a médio e curto prazos. Mas claro que qualquer um com quem você apostar pode calcular facilmente suas chances. Bem, talvez nem *todo mundo*.

Como o comediante e crítico social americano George Carlin disse certa vez: "Pense em como as pessoas medianas são estúpidas. Daí, veja como metade delas são mais estúpidas ainda." Leve em conta que isso depende do que Carlin considera "mediana". Para matemáticos, mediano pode significar "médio" ou "modo".* Então ele não é tão esperto assim!

dia 4
Os imortais

O escritor francês Jean Dutourd, *Grand officier de la Légion d'honneur* e autor de um livro, supostamente engraçado, sobre uma criança que nasce com a cabeça de um cachorro (e com outras características caninas, como ir buscar o jornal), uma vez explicou por que era importante proteger a língua de Molière da contaminação pelo inglês. Não o inglês de Shakespeare, mas aquele dos personagens do desenho *The Simpsons*.

Dutourd tem uma responsabilidade especial, como membro da Académie Française (eleito em 1978, para a cadeira 31), aquela

---

* *Uma criança de 11 anos acrescenta:* o "mediano" é o valor do meio em uma distribuição, acima e abaixo do qual se encontra um número igual de valores.
O "médio" é um número que tipifica um conjunto de números, e pode ser um médio geométrico ou aritmético. O "modo" é o valor ou item que ocorre com mais frequência em séries de observações de dados estatísticos.

Conjunto de dados 1:
2, 5, 5, 6, 9, 12, 15

Aqui, o médio é 7,71, o mediano é 6 e o modo é 5.

Conjunto de dados 2:
4, 5, 5, 8, 12, 86

Dessa vez, o médio é 17,857, o mediano é 5 e o modo também é 5. A "média" de George, portanto, se inclina fortemente para uma das pontas do conjunto, e não mais significa o que ele quis dizer.

SEMANA 1

peculiar instituição francesa de quarenta "intelectuais" que, pelo menos em teoria, está encarregada de proteger a língua francesa de mudanças nefastas. É função da Academia assegurar que, em francês, nós enviemos *courriels*, e não e-mails, e que ninguém tente fazer *le shopping* em *le weekend*, mas continue a *faire les courses en fin de semaine*, mesmo que leve um pouco mais de tempo.

Para a Academia, é uma tentativa de proteger a história, a cultura e os padrões franceses. Mas para o próprio Dutourd é menos complicado. Como ele disse a um jornal francês: "Eu preciso de um mundo que fale francês para que possam ler meus livros. É tão simples quanto isso." Mas por que ele deveria se preocupar se alguém continua lendo seus livros, especialmente depois que pararam de comprá-los? Parece, no entanto, que Dutourd precisa continuar sendo lido para se sentir importante. Mais que isso: para existir, na verdade. Os membros da Academia gostam de se chamar de "os imortais" e, *bien sûr*, aqueles cujas ideias vivem para sempre em um livro adquirem uma espécie de imortalidade.

Pode ser que Platão não tenha tido muito sucesso como conselheiro do rei de Siracusa, porém, como todos os seus livros continuam sendo lidos, ele alcançou um tipo invejável de mortalidade. Mas, para ele mesmo, Dutourd não é tanto um egoísta quanto um deísta – ele considera que seus escritos têm efeito direto sobre o universo: "Cada vez que escrevo uma linha, eu modifico a palavra", diz filosoficamente. Certa vez, quando não se sentia seguro de como terminar um livro, Dutourd pediu que Deus o completasse em seu lugar – o que Ele prontamente o fez.

Não interessa se Deus realmente acabou o livro, se foi talvez o "inconsciente coletivo" ou o próprio Dutourd. O importante é que, hoje em dia, cada vez que um livro é escolhido e lido, o pensamento segue – assim como o pensador. Deus, ao terminar o livro de Dutourd, assegurou Sua própria imortalidade.

Ghost writers

Quem *realmente* escreveu o livro?

Às vezes, pessoas bastante comuns aparecem com histórias que são interessantes demais para tipos tão comportados e quietos. Romances policiais chocantes saem das penas de senhoras de cabelos grisalhos, cenas de sexo picantes de máquinas de escrever de políticos comprovadamente chatos.

Robert Louis Stevenson, autor daquele profundo clássico psicológico *O médico e o monstro*, disse do processo criativo que as ideias e pensamentos não eram *dele*, mas ditados por alguém misterioso enquanto ele dormia. No máximo, ele tinha o trabalho de editar as ideias em forma de livro. E, mais ainda, faltavam a essa voz estranha os atributos usuais da decência comum, alternadamente chocando-o e fascinando-o enquanto ele dormia com seus relatos altamente impróprios (mas muito interessantes). Evidentemente, pelo menos na ficção, o dr. Jekyll pode ser melhor em soletração, pontuação e gramática, mas é sempre para o espantoso sr. Hyde que nos voltamos para a trama.

dia 5

Meus três animais favoritos

A escolha de animais é totalmente irrelevante. Não importa o quanto nos agrade nossa seleção, isso não diz nada a respeito de nós mesmos, tampouco sobre os animais. No entanto, as razões para as escolhas são muito mais interessante. Das três, a última razão é de longe a mais significativa. Fiquem alertas aqueles que começam obedientemente mas terminam em confusão na altura do terceiro animal! Pode ser que vocês não estejam subvertendo o exercício, mas fazendo com que ele funcione...

Isso porque o primeiro animal produz uma resposta que combina com seus valores convencionais, seu ponto de vista convencional. Com frequência, as razões dadas para esse animal são as coisas que gostaríamos de ser.

A segunda razão, por outro lado, é o que gostaríamos que as pessoas pensassem de nós. Mas, quando nos perguntam uma terceira razão, muitas pessoas, inadvertidamente, nos dão um surpreendente *insight* sobre elas mesmas. A terceira razão reflete o que nós (subconscientemente) acreditamos que as pessoas na verdade dizem sobre si mesmas. Para todos os fins e propósitos, este é nosso "eu real".

Então se alguém diz, por exemplo, que gosta mais de gatos porque eles são fofos, isso significa que essa pessoa gostaria de ser fofa. Se diz que o segundo animal favorito é um cão porque cães são fiéis, então isso mostra que ele gostaria que as pessoas o vissem como fiel. Mas, se disser (ingenuamente), no caso do terceiro animal, que gosta de peixinhos porque eles ficam "no aquário o dia todo sem fazer muita coisa", então ele revela que reconhece a si mesmo como uma pessoa que "fica o dia todo sem fazer muita coisa". Assim, esse teste simples nos traz, tão perto quanto possível, a possibilidade de preencher o desafio do Oráculo de Delfos: "Conhece-te a ti mesmo."

dia 6

A prisão do eu

Alguns chamam de "melancolia", termo antigo usado por Hipócrates. Outros chamam de "aquiescência", palavra latina preferida pela Igreja medieval. O sociólogo francês Émile Durkheim chamou de "anomia". Hoje em dia, se chama simplesmente "depressão". Mas os efeitos são os mesmos. As pessoas ficam morosas, sem energia: em uma palavra, infelizes. Também ficam doentes, sucumbindo a males como câncer ou problemas cardíacos, ou até cometem suicídio.

Em 1773, o médico George Cheyne disse que tais "desordens nervosas" eram responsáveis por mais de um terço das queixas de doenças na Inglaterra. Ele detectou como causa subjacente o penoso clima inglês, combinado com estilos de vida sedentários e urbanização. Uma enxurrada de livros apareceu oferecendo soluções: um dos menos famosos foi o do próprio Cheyne, que sugeriu uma dieta vegetariana.

Outros, como John Bunyan, escreveram livros mais enaltecedores, adotando a linha de Santo Agostinho de séculos antes, e atribuindo a doença social ao prazer em suas diversas versões coletivas – relações sociais, banquetes, festivais e celebrações, cada uma das atrações do demônio. Para Bunyan e para os puritanos de maneira geral, o trabalho era a cura apropriada da depressão. Os puritanos viam como charlatanice conselhos conflitantes como os proferidos pelo pastor anglicano Robert Burton, que em seu *A anatomia da melancolia* indicava folgas, "para que ninguém fique exausto, mas que tenham seus momentos de recreação e férias e se entreguem a suas brincadeiras, festas e encontros divertidos".

Mas quem estava certo? Certas curas precisam de diagnósticos seguros para serem eficazes. E a raiz do problema estava no desmantelamento de elaboradas estruturas sociais de entretenimento coletivo – feiras, adoração coletiva nas igrejas –, o que espalhou o vírus do descontentamento? (Nesse caso, a cura efetuada por mulheres somalianas pode ser apropriada – contrata-se um músico e dança-se o dia todo.) Ou foi o número decrescente de oportunidades de ação coletiva, em defesa da comunidade contra inimigos internos ou (idealmente) "estranhos"? Em tempos de guerra, o número de suicídios, talvez o que surpreenda muito, tem forte queda. Ou era na verdade a nova ênfase excessiva no prazer pessoal, junto com o desprezo por Deus e os deveres, como pensava Bunyan?

Pode ter sido talvez algo mais simples, mais mundano, que causou depressão em todo mundo? Alguma coisa como a invenção do espelho? Estes estavam apenas começando a fazer parte de todo lar burguês, junto com aquele novo santuário, o quarto de dormir individual. Algumas casas grandes tinham até banheiros e "lavatórios"! Eram os lugares onde o indivíduo era livre "para ser ele mesmo" – não importa a melancolia que isso pudesse trazer.

O próprio Durkheim escreveu:

> Originalmente, a sociedade é tudo, e o indivíduo, nada... Mas gradualmente as coisas mudam. Quando as sociedades ficam maiores em volume e densidade, as diferenças individuais se multiplicam, e chega uma hora em que o único laço remanescente entre os membros de um único grupo humano será este: todos são humanos.[3]

Durkheim pensava que eram os rituais – especialmente os religiosos – que serviam para quebrar o sentimento de isolamento e reconectar sofredores com sua comunidade. Eles forneciam um alívio, ainda que temporário, da prisão do eu.

---

[3] *O suicídio*, 1897.

Negatividade absoluta

Em 1872, o psiquiatra francês Jules Cotard descreveu o que chamou de "le délire de négation", aquilo que acontece quando uma pessoa tem uma visão muito negativa de si mesma. Tais pessoas não se preocupam apenas que podem ser feias, estúpidas ou fracassadas, como a maioria de nós pensa de vez em quando, mas acreditam que têm partes de seus corpos faltando ou apodrecendo, ou mesmo que se tornaram zumbis – os mortos-vivos! Curiosamente, esses pensamentos não são exclusivos daqueles que sofrem de depressão e outras ansiedades. Pessoas perfeitamente "normais" já se convenceram subitamente que tinham morrido e buscaram aconselhamento médico para esse problema de saúde certamente muito constrangedor. Mas, no caso da negatividade, não há nada que o doutor possa oferecer. Acredita-se que a origem do sintoma esteja mergulhada profundamente na parte da mente responsável pelos impulsos mais básicos, como fome, dor e medo. Assim, a melhor terapia pode consistir em atividades simples que pedem respostas similarmente automáticas (não verbais), mas de um tipo positivo. Uma resposta automática dirigida a um bebê, a um cachorro de estimação, a uma refeição saborosa ou a uma bela vista pode evitar o "délire de negation". Um bom dia...

dia 7

Trapismo

O ser humano é um animal que fala, grita, conversa e ri. Tire isso dele, ainda que brevemente, e o mundo começa a mudar. Séculos de sofisticada vida social nos deixaram perdidos e sozinhos no mundo exterior e, o que é pior, cada vez mais conscientes da alternativa interior – a de nossos pensamentos.

Não é à toa que as pessoas montam um enorme aparelho de televisão no canto da sala e conversam com ela o dia todo, da mesma forma que colocam pequenos fones de ouvido em suas cabeças sempre que têm de ficar, mesmo que por pouco tempo, fora do alcance da televisão, da música ou do rádio. Porque ver o mundo sem o ruído mental da linguagem é lembrar uma existência mais antiga e mais aterradora.

Na refinada revista semanal do jornal francês *Le Figaro*, Phillipe Dufay uma vez descreveu seus 4.320 minutos de silêncio como hóspede pagante dos monges e freiras trapistas da abadia beneditina de Jouarre.

Colocando algumas parcas posses em sua cela, ele começou a estudar um pequeno livro de poemas escritos por um antigo monge trapista, Christophe Tibhirine, que descobriu a paz mais profunda até ser assassinado na Argélia por rebeldes islâmicos.

> Silêncio – a lenta cura para a miséria.
> Silêncio – grande demais até para ser contido pela solidão.
> Silêncio – um oceano de dor a ser absorvido.
> Silêncio – o sinal de um amigo querido.

O dia do trapista começa cedo, cerca de cinco da manhã, com cantos na igreja, na escuridão e no frio. Depois há o café da manhã, mas não é uma ocasião divertida, e é conduzido, claro, em silêncio. O restante do dia é uma sequência de rezas e cantos. Nada acontece. Nada a não ser o essencial: os cantos, as leituras, as tarefas. E, sobre a abadia, os campos e o antigo claustro, desce o peso do silêncio.

Tentando emular Christophe, Dufay escreve sobre sua experiência em estilo poético:

> Silêncios pesados como chumbo, ou silêncios leves como penas, uma rica festa de silêncios, suculentos, preocupantes, nutrientes, calmantes ou questionadores.

É dentro da abadia silenciosa, ele acrescenta, que encontramos, talvez, o mundo real.

SEMANA 2

Observando o desenvolvimento de pequenas mentes

dia 8

Experimentos bobos com ursinhos

Bebês podem contar? Obviamente, como sabe todo mundo que tentou trocar três biscoitos por dois no prato deles, a resposta é "sim". Mas psicólogos preferiram colocar as coisas em base ligeiramente mais científica. Um de seus experimentos favoritos (também, incidentalmente, dando a pequenas crianças um treinamento útil para ver TV mais tarde) mede a extensão do tempo que bebês olham para cartas colocadas diretamente na frente de seus olhos.

As cartas não eram muito interessantes, consistindo de apenas dois ou três pontos grandes sobre um fundo branco. Por exemplo, pode-se colocar uma carta com dois pontos a alguns centímetros dos olhos dos bebês e anotar o tempo que olharam para ela. Depois outra carta, com dois pontos, um pouco mais distante – embora isso também provavelmente não fosse produzir mais que uma rápida olhada. Mas compare isso com a reação de quando se muda a carta por uma com três pontos! Agora os bebês olham para as cartas fixamente, lutando evidentemente para buscar um sentido em suas mentes até então imperturbadas. Naturalmente, depois de um tempo elas perdem o interesse nos dois pontos, mas os pesquisadores descobriram que elas então conseguiam temporariamente reacender o interesse trocando as cartas de três pontos pelas de dois pontos de novo.

Mas se três ursinhos forem trocados por dois ursinhos e uma boneca, o bebê tem notadamente menos interesse do que se eles forem trocados por dois ursinhos. Esse tipo de descoberta, em particular, levou psicólogos a argumentarem que os bebês têm pelo menos uma noção rudimentar de números. Um deles, dr. Butterworth, afirma que os experimentos mostram não apenas que bebês são conscientes de que dois e um fazem três como também que as violações da aritmética são mais perturbadoras para eles que as mudanças de identidade.

Docinhos e vacas

Piaget descobriu que as crianças quase sempre respondem que há mais caramelos do que chocolates (e que há menos capim disponível para a vaca no Plano B, como veremos adiante).

Assim, Piaget supostamente demonstra que as crianças não têm a noção fundamental da *conservação dos números*, isto é, a percepção de que a quantidade de coisas permanece igual mesmo que elas sejam movimentadas e dispostas de forma diferente.

Essa descoberta teve uma grande influência nos círculos escolares, especialmente no ensino da matemática.

Mas há implicações gerais também. Durante muitos anos, os artistas pintaram as crianças como adultos em miniatura. Elas tinham corpo de bebê, mas a cabeça tinha a mesma proporção em relação ao corpo que a cabeça de um adulto. Somente após o Renascimento percebeu-se que na verdade as crianças, e os bebês, em especial, NÃO são como adultos, e têm a cabeça proporcionalmente muito maior. O feito de Piaget foi convencer as pessoas de que as crianças talvez não pensem como adultos rudimentares, mas de uma forma fundamentalmente diferente.

Isso é certamente verdade. No entanto, o próprio Piaget pode ter subestimado a sutileza do raciocínio das crianças. Mais tarde, pesquisadores descobriram que, se as crianças demonstram a propensão a perceber o número errado de objetos, elas também são capazes de determinar o número certo de doces, frustrando, assim, as previsões de Piaget. Um pesquisador engenhosamente repetiu o experimento dos doces, mas dessa vez usou um ursinho de pelúcia como ajudante, de forma que, quando o pesquisador estivesse aparentemente olhando para o outro lado, era o ursinho travesso que mudava a ordem dos doces!

Assim, quando o pesquisador perguntava se o número de doces era o mesmo, as crianças não tinham dúvida e respondiam satisfeitas (depois de assistir às atividades do ursinho com interesse): "Sim, é exatamente o mesmo!"

(manhã) dia 9

A vaca no campo com as casinhas

Até os 9 anos de idade, as crianças tinham certeza de que a vaca na primeira fazenda, aquela com a ordem arrumada das casinhas, tinha mais grama e mais terra pastável disponível do que a vaca na segunda fazenda, na qual as construções se encontravam espalhadas.

É claro que as crianças podem ter uma ideia mais sofisticada das consequências de se construir no campo do que Piaget. Se a terra em torno das casinhas também ficar perdida, ou se a vaca simplesmente não gostar de pastar perto demais de uma delas, isso faz sentido, em termos de "grama disponível", manter as construções agrupadas.

O experimento dos docinhos de Piaget dizia respeito a conceitos matemáticos unidimensionais, mas o da fazenda trata de noções mais sofisticadas de "área". Na verdade, Piaget também testou a noção que crianças tinham de "volume", primeiro vertendo água de uma jarra em um copo alto. Depois, enchendo novamente a jarra e mostrando às crianças que se encontrava no mesmo nível, e, finalmente, despejando a água em um prato raso.

SEMANA 2

Ele descobriu que as crianças bem pequenas eram inclinadas a pensar que uma tigela alta e estreita continha mais água do que um prato raso com a mesma quantidade de líquido. Afirma-se, então, que entender que o volume deve permanecer o mesmo requer "pensamento reverso", e é o último dos testes de Piaget que as crianças conseguem entender.

Crianças, como animais, desenvolvem rapidamente alguma noção de números, mas Piaget nota que certas regras mais abstratas permanecem estranhas a elas. Princípios matemáticos que filósofos, como Aristóteles e Descartes, ofereceram com tanta clareza que não cabiam dúvidas, ele mostrou, não eram nada claros para as crianças.

Seymour Papert, pesquisador contemporâneo e especialista no uso de computadores na educação, inventor de um estranho jogo educativo de computador chamado LOGO, disse uma vez que o "coração [do trabalho] de Piaget" é sua crença de que o exame cuidadoso de como o conhecimento se desenvolve em crianças irá nos dizer algo também sobre a natureza filosófica do conhecimento de maneira mais geral. Papert continua:

> Na última década, Piaget foi vigorosamente desafiado pela onda corrente que vê o conhecimento como uma propriedade intrínseca do cérebro. Experimentos engenhosos demonstraram que bebês recém-nascidos já têm algum conhecimento do tipo que Piaget acreditava que só era construído por crianças maiores. Mas para aqueles como eu, que ainda enxergam Piaget como um gigante no campo de teoria cognitiva, a diferença entre o que o bebê traz e o que adulto desenvolve é tão imensa que novas descobertas não reduzem significativamente a brecha, mas apenas aumentam o mistério.[4]

---

[4] Revista *Time*, edição especial "As grandes mentes do século", 29 de março de 1999, p. 105.

(tarde) dia 9

As montanhas do egocentrismo

Curiosamente, Piaget descobriu que crianças pequenas sempre diriam que a resposta era "sim". Desde que elas pudessem ver Jemima, presumiam que o ursinho também podia. Mas o que isso provou? Piaget achou que era uma evidência de que crianças não podem imaginar o mundo de nenhuma perspectiva a não ser a delas – elas são, em uma palavra, egocêntricas.

Isso explica por que, como Piaget afirmou em seu livro *A linguagem e o pensamento das crianças* (1923), as crianças por vezes falam como se pensassem alto, para si mesmas, mesmo quando estão falando com outros. As crianças com frequência exibem uma calma indiferença com as opiniões ou os interesses de quem as escuta, e respondem com longos monólogos.

Piaget identificou três tipos de discurso "egocêntrico", os quais arranjou hierarquicamente em termos de supostos estágios de consciência social:

- **Estágio um:** envolve a repetição de palavras e sílabas que não servem a qualquer função social óbvia.
- **Estágio dois:** é quando as crianças falam consigo mesmas, como se pensassem alto.
- **Estágio três:** trata-se de um novo tipo de monólogo, ou "monólogo coletivo", no qual uma segunda pessoa é necessária para agir como estímulo para o discurso da criança, mas não se espera que ela entenda ou mesmo ouça o que é dito.

Um especialista acrescenta:

Piaget via as crianças como *pequenos filósofos*, que chamou de "saquinhos de pensamento", dispostos a construir suas próprias teorias individuais do conhecimento. A teoria de Piaget poderia ser ampliada, ao notar que os *grandes filósofos* passam também pelos mesmos três estágios, mas nesse caso a ordem é reversa. O filósofo ainda requer uma segunda pessoa para servir como estímulo a seu discurso, mesmo que não se espere que ela o entenda. No segundo estágio, o mais maduro fala em longos monólogos, durante os quais rumina, como se pensasse alto. E durante o último e terceiro estágio, ele repete e inventa combinações de palavras e sílabas que não servem a qualquer função social óbvia.

Mas voltando a nossos pequenos filósofos, Piaget considerava que o discurso egocêntrico é uma parte necessária dos processos de reflexão e pensamento da criança, que está querendo construir modelos para entender o mundo. No entanto, ele achava que o discurso egocêntrico não tem função social e não consegue comunicar nada e, portanto, eventualmente desaparece, quando a criança se torna mais consciente da distinção entre os mundos interno e externo.

Ele não percebeu que os grandes filósofos, por outro lado, celebram a impraticabilidade da disciplina e sua aparente irrelevância para o mundo cotidiano, valorizam a egocentricidade e assim podem sempre ver Jemima quando os outros veem apenas as montanhas.

Comporte-se!

A resposta da Supernanny é puro behaviorismo:

- Crianças comem em horas predeterminadas ou não comem nada. Elas comerão o que lhes for oferecido, e seus "gostos" não entram em questão.

- Na hora de dormir, mamãe não vai estar disponível para se deitar com Júnior. Não vai mesmo. A criança irá para a cama na hora fixada, e a luz será APAGADA.
- Para o equilíbrio, há recompensas, assim como punições. Aqueles que comem as verduras, vão para a cama na hora e OBEDECEM receberão também suas palavras de elogio. Mas aqueles que não fazem isso, lembrem-se!, se forem desobedientes, ficarão de castigo no cantinho.

A menininha de uma família está acostumada a ter a mãe deitada a seu lado na hora de dormir. "Esqueça!", diz a Supernanny, e a tradição termina, sem alerta ou explicação. Quando a criança chora, isso apenas prova como ela é *manipuladora*. Mais tarde, a mamãe confessa: "Eu me senti quase como se a estivesse maltratando." "Não ceda", diz a Supernanny e, claro, o mau comportamento logo cede lugar a relatos de que "está funcionando, está ficando mais calma" – o que quer dizer que a filha abandonou a esperança de que a mãe irá se deitar com ela.

No Reino Unido, na virada do milênio, o governo trabalhista decidiu que as "habilidades parentais" (ou a falta delas) eram a chave para a reforma da sociedade e para o impedimento do que parecia ser um invariável declínio da vida pública e dos padrões sociais. As origens do vandalismo, a violência aleatória e a falta de cooperação geral (disse o governo socialista) não eram falhas do Estado, mas uma falha no lar, muito antes disso.

Mas nem todos concordariam. Alguns lares "alternativos", que seguem estilos de vida hippies, parecem produzir crianças criativas, inteligentes e ponderadas. Igualmente, muitas estatísticas mostram que o "mau comportamento" em sociedades parecem se relacionar a instituições e valores dessas sociedades, tanto quanto aos valores e práticas familiares. Se, em um livro ou um filme, basta entender o comportamento de um delinquente de rua com a revelação de que seu pai batia nele e na família todas as noites, há muitas "famílias-problema" nas quais não havia um pai, "uma figura de autoridade" e ainda assim as crianças "desandaram". Explicações simples, como remédios simples, não parecem cobrir toda a panóplia do comportamento humano.

Behaviorismo

Em seu influente livro *Behaviourism* (1925), John Watson escreveu:

> Deem-me uma dúzia de crianças saudáveis e bem-formadas e, com meu conhecimento específico para educá-las, garanto que posso pegar qualquer uma a esmo e treiná-la para se tornar especialista no que eu escolher – médica, advogada, artista, comerciante e, sim, até mesmo pedinte ou ladra, independentemente de seus talentos, quedas, tendências, habilidades, vocações e da raça de seus ancestrais.

Logo depois de ter escrito isso, Watson deixou seu posto em uma universidade americana e foi trabalhar nos negócios, mais precisamente nas artes manipuladoras do marketing.

dia 10

A dissonância dos voluntários de 1 dólar

O estudo não mostrou que as pessoas mudam suas crenças se receberem dinheiro o bastante – mas o oposto disso. Os estudantes de 1 dólar acharam que talvez as atividades não fossem tão ruins; eles chegaram a essa conclusão como maneira de "justificar" seu novo papel para si mesmos. Em comparação, os estudantes de 20 dólares tinham as notas novinhas em seus bolsos para explicar suas ações e continuaram a acreditar, francamente, que as sessões que recomendavam eram muito, muito chatas.

A dissonância é um motivador muito poderoso que com frequência nos leva a alterar uma ou outra crença ou ação conflitante. E ainda mais poderosa quando se trata de autoimagem – por exemplo, se acredito que sou bom, mas me vejo fazendo alguma coisa ruim. Para liberar a tensão, temos de:

Mudar nosso comportamento...
ou...
Mudar nossas crenças.

O experimento indicou que a maioria das pessoas poderia "se convencer" de que o que estava fazendo era certo. Ironicamente, os "trapaceiros", um punhado deles, eram aqueles com os princípios mais robustos!

dia 11

Investigando a memória

Muitas pessoas conseguem anotar algumas palavras. Não se sinta mal se, depois de algumas horas – ou mesmo minutos –, você não se lembrar de muitas. E não se sinta mal se, depois de algumas semanas, não se lembrar de *nenhuma*.

Se você conseguir se lembrar de todas, muito bem. Se não, você pode (como Lewis Carroll) construir uma história na qual cada uma das palavras aparece. "A maçã caiu da mesa e por trás da cortina depois que o cachorro foi levado para passear..." etc.

Por outro lado, não se satisfaça demais se conseguir lembrar todas as palavras. Oliver Sacks, famoso escritor e neurologista contemporâneo, descreveu como certos tipos de danos cerebrais resultam em fortalecimento da memória, até mesmo, na verdade, a habilidade de lembrar, dia por dia, cada um dos eventos que uma pessoa experimentou. Ele conjetura que o cérebro das pessoas saudáveis contém um registro de tudo que elas experimentaram desde o nascimento, mas, graças a Deus, a maior parte não é acessível à mente consciente.

Mas, se você não se lembrar de nenhuma palavra, isso pode ser mais sério. Porque, na medida em que perdeu o domínio sobre o passado, você pode não ser capaz de atuar no presente

Em *O homem que confundiu sua mulher com um chapéu*, um relato envolvente dos vários tipos de desastre que podem afetar o cérebro, Oliver Sacks descreve o caso de uma pessoa com problemas de memória – Jimmie, "o marinheiro perdido" –, um homem na casa dos 60 anos, cuja memória havia apagado qualquer recordação do que lhe ocorrera depois dos 30, e que fica constantemente chocado pelas mudanças a seu redor, tanto no mundo físico quanto, o que é mais aterrador, nas pessoas que ele conhece (caso as reconheça). "Parece que algumas pessoas envelhecem rápido", ele diz, numa tentativa de explicação.

Sacks tenta substituir a falha na memória de Jimmie dando a ele um sistema simples de backup – um bloco de notas. Jimmie escreve eventos em seu diário e depois é solicitado a se referir a eles. Isso funciona bem? Não tão bem. Para começar, esses truques servem para "sacudir" a memória. Jimmie simplesmente não reconhece as anotações como se fossem suas. "Eu escrevi isto?", ele pergunta. Ou, pior, "Eu fiz isto?" Perguntado sobre como se sente, ele dá uma resposta muito triste. "Não posso dizer que me sinto doente. Mas não posso dizer que estou bem. Não consigo dizer que sinto alguma coisa." E coça a cabeça, espantado. Sacks pressiona:

"Você é infeliz?"
"Não posso dizer que sim."
"Você gosta da vida?"
"Não posso dizer que sim."
"Você não gosta da vida. Então o que você sente por ela?

Para isso, Jimmie tem uma resposta muito franca: "Não posso dizer que sinto alguma coisa." Sacks protesta, como um clínico deve fazer: "Mas você se sente vivo?" E Jimmie, parecendo infinitamente triste, diz: "Se me sinto vivo? Não me sinto vivo há muito tempo."

Curiosamente, desse jeito limitado, Jimmie tem uma sensação dos anos perdidos. Sacks imagina o que pode fazer para ajudar alguém aparentemente perdido em um "mundo de dez minutos" de eventos flutuantes e transitórios. Ele se refere a uma passagem de sua "Bíblia" profissional, *The Neuropsychology of Memory*, de A. R. Luria, que cita:

> Mas um homem não consiste apenas de memória. Ele tem sentimentos, vontades, sensibilidades, uma essência moral – matérias sobre as quais a neuropsicologia não pode tratar. E é aí, além do reino de uma psicologia impessoal, que você pode encontrar meios de tocá-lo e mudá-lo.

Quando está na igreja cantando ou rezando, enquanto se entretém com certos jogos ou resolve quebra-cabeças complicados, Jimmie se torna uma pessoa diferente, mais completa. Porque nos instantes em que está totalmente ocupado com o presente, sua perda do passado para de incomodá-lo. Mas ele não pode passar o tempo todo jogando ou resolvendo quebra-cabeças.

Quando Sacks deixa Jimmie cuidando do jardim do hospital, ele começa a fazer um bom progresso. No começo, a cada dia o jardim é "novo" para ele, que "tem de o descobrir como novidade a cada vez". Mas depois de um certo tempo ele começa a se lembrar e passa a tocar seus planos e estratégias para cuidar dele. Como

Sacks diz, Jimmie está perdido no espaço-tempo, mas localizado no tempo "intencional". Ele vive em "um mundo de Kierkegaard". Em vez de as coisas estarem organizadas por tempo e espaço, elas estão organizadas por estética, religião, moral e *sentimentos* dramáticos.

O cheiro de café, de novo!

Sacks também descreve o caso de um homem que teve seu olfato destruído de forma irreversível. O olfato é um sentido sutil, que afeta nosso cotidiano muito mais do que imaginamos. O interessante, contudo, não é o tanto que ele sofreu, nem como se acomodou com a perda, mas que um dia a bebida que lhe foi servida trouxe de novo aquele rico aroma de café. O mesmo milagre aconteceu quando ele pegou seu cachimbo e o encheu de tabaco.

Mas os fatos médicos permaneceram inalterados. Seu nariz não podia detectar cheiros mais do que seus ouvidos. Os aromas que saboreou estavam totalmente em sua mente, mas não exatamente imaginados. Havia experiências olfativas prévias que estavam sendo fielmente *repetidas* no momento correto por uma mente subconsciente que ajudava.

Confabuloso!

Psicólogos acham que nossas memórias trabalham construindo narrativas, confabulando, o que nos permite pensar o passado como uma série de eventos contínua e coerente, mesmo que eles não se encaixem no padrão que impomos. É por isso que gurus da memória aconselham àqueles que querem reter informações não correlacionadas que construam uma história que inclua cada objeto ou evento.

No entanto, estudos também apontam que, quando listas de palavras supostamente aleatórias são construídas em torno de um tema, um termo relacionado pode ser plantado na mente de participantes, e metade deles inocentemente irá mencioná-lo quando solicitado a lembrar as palavras da lista.

Os "confabuladores" misturam coisas que realmente aconteceram com coisas que nunca aconteceram. (Por vezes, golpes na cabeça na parte que responde pela memória podem reproduzir esse efeito.) Eles facilmente confundem coisas que leram com coisas das quais se lembram.

Aeroporto de Sarajevo

Fácil demais? Agora teste esta lista então:

... aeroporto
Sarajevo
pista
Bósnia
cerimônia de boas-vindas
garotinha
flores
presidente

Agora se pergunte (sem olhar acima):

A expressão "franco-atirador" estava na lista?
E a palavra "correndo"?
E "perigo"? E até "jaqueta militar?"

Difícil imaginar misturar essas coisas, mas Hillary Clinton conseguiu, durante a campanha para ser candidata ao posto de presidente dos Estados Unidos. Hillary descreveu com comoção o temor de sua chegada a Sarajevo, de ter de colocar colete à prova de balas para se proteger de possíveis atiradores antes de correr pela pista do aeroporto procurando abrigo. Essa é a coragem "sob fogo" que um candidato a presidente tem de demonstrar. E o retrato que ela pintou resultou em uma imagem poderosa. O problema é que nunca aconteceu. Imagens de TV da ocasião mostram Hillary caminhando relaxadamente pela pista, acompanhada de sua filha adolescente, ao encontro de um grupo de autoridades, que incluía uma menina de 7 anos que faz uma reverência e entrega a Hillary um buquê de flores.

Hillary explicou a discrepância depois como um mero lapso de memória: "Eu falo milhões de palavras por dia!", ela disse. Mas teria sido talvez mais plausível explicar que ela tem um problema de distinguir eventos do mundo real de acontecimentos imaginários. Depois de ouvir falar sobre os perigos dos atiradores na Bósnia e de ter visto imagens de pessoas correndo entre pistas, aviões e edifícios, possivelmente ela em sua memória tenha confundido os diversos elementos e se tornado uma "confabuladora".

dia 12

Jargão para ignorantes

Filósofos não falam muito sobre administração, o que é uma pena. E se Adam Smith estivesse escrevendo hoje seu *best-seller* de 1776, *A riqueza das nações*, teria de competir com trabalhos ainda mais bem-sucedidos, como *Quebre todas as regras*, escrito por "dois consultores da Gallup Organization", Marcus Buckingham e Curt Coffman. Eles coletaram suas observações a partir de mais de 80 mil entrevistas feitas pela Gallup, para "derrubar algumas noções irremovíveis sobre administração", e ofereceram em seu lugar "quatro chaves" para trabalhar com, ou melhor, de forma superior, com as pessoas. Elas são:

- coloque todos em empregos adequados;
- construa a partir de seus pontos fortes;
- identifique os objetivos de todos;
- (e finalmente) avalie as pessoas em termos de *talento*, e não apenas de conhecimentos ou habilidades.

Por exemplo: se um profissional não é muito bom em algum aspecto de seu trabalho, por que não colocá-lo simplesmente junto com alguém que seja, em vez de tentar consertar essa falha? Desse modo, a pessoa é capaz de "se concentrar em seus potenciais".

Buckingham e Coffman elaboraram isso de forma agradável, como se fosse num quadro-negro:

Pessoas não mudam tanto.
Não perca tempo tentando colocar dentro o que foi
deixado de fora.
Tente colocar para fora o que sobrou dentro.

É bem difícil.
Isso é uma coisa inspiradora. Ou é, como diz um comentário deixado por um leitor na Amazon, "outra obra entediante de psicologia pop da Gallup, apoiando-se em toda sua credibilidade e autoridade para se infiltrar na sociedade e brincar com o pensamento humano"?

De qualquer forma, Adam Smith apresentou melhor as coisas há muito tempo, na sua descrição da fabricação de um simples alfinete. Agindo sozinho, diz ele, um homem poderia, "dificilmente, com o máximo de sua diligência, fazer um alfinete por dia, e certamente não faria vinte." Mas se o trabalho fosse dividido:

um homem pega o fio, outro o endireita, um terceiro o corta, um quarto o aponta, um quinto o lima na ponta para receber a cabeça; fazer a cabeça requer três operações distintas; colocar a cabeça é um trabalho peculiar, branquear o alfinete é outra; é mesmo um ofício em si mesmo colocá-los no papel.

Então, ele sugere, dez pessoas poderiam produzir "cerca de 12 libras de alfinetes por dia", acrescentando que

há em uma libra mais de quatro mil alfinetes de tamanho médio. Aquelas dez pessoas, portanto, poderiam fazer até 48 mil alfinetes por dia. Mas se tivessem trabalhado neles separadamente... certamente não conseguiriam cada um deles, fazer vinte, talvez nem um alfinete por dia.

Smith prossegue relatando essa vantagem para vários modos de fazer dinheiro, mas também reconhece as implicações sociais e humanas.

Adam Smith e o trabalho fazem o homem

Se o processo de divisão do trabalho é *desejável* em termos econômicos, Smith tem suas dúvidas sobre os termos sociais... As pessoas são muito mais do que isso, embora o trabalho faça o homem. Quando, por exemplo, o filósofo e o mendigo vieram ao mundo, "nem seus pais nem seus companheiros de folguedos poderiam perceber qualquer diferença marcante". Mas tenha piedade do trabalhador fabril. Ele "não tem oportunidade de entender ou exercer sua fantasia... Ele naturalmente perde, portanto, o hábito de tal exercício, e se torna tão estúpido e ignorante quanto uma criatura humana pode possivelmente se tornar". A mão de obra fabril, desempenhando uma tarefa monótona e simples alocada pela lógica

SEMANA 2

> da divisão do trabalho, torna-se igualmente monótona e ignorante.
> Smith acha que o Estado tem a responsabilidade de se contrapor aos efeitos *indesejáveis* da divisão do trabalho por intermédio de um programa de educação compulsória, assim como (pensava Platão) por meio da garantia de entretenimentos públicos que sejam de natureza enaltecedora. Essa abordagem do *laissez-faire* não se estende à educação, na qual "com gasto muito pequeno, o público pode facilitar, encorajar e até mesmo impor a toda a sociedade a necessidade de adquirir as peças mais essenciais da educação".

dia 13

Tenha sorte!

Por que houve uma diferença grande entre o tempo gasto pelos sortudos e pelos azarados para contar fotografias em um jornal? Foi porque a segunda página do jornal tinha um anúncio proeminente: "Pare de contar. Há 43 fotografias neste jornal."

Qualquer um que tenha visto isso se salvou de um grande trabalho. Mas os azarados não o viram e tiveram de percorrer vagarosamente as páginas.

Wiseman diz que isso mostra que as pessoas azaradas são menos capazes de perceber oportunidades que seus companheiros afortunados. Isso é parte de uma teoria geral que discerne certas características-chave do ser sortudo, todas passíveis de aprendizado.

1. Crie e perceba oportunidades.
2. Permita que o acaso (ou é realmente seu subconsciente?) trabalhe para você usando a "intuição".

3 Crie resultados positivos começando com expectativas possíveis.
4 Transforme a má sorte em boa sendo tenaz e persistente.

É claro que a experiência de contar fotografias no jornal pode apenas provar que a má sorte persegue algumas pessoas em tudo e que por puro azar elas (por exemplo) viraram rápido demais a página que tinha o anúncio – ou olharam do lado oposto ao qual ele aparecera. Outra explicação, e um possível exemplo de distorção experimental, é que as páginas de esportes dos jornais britânicos sempre ficam no fim dos jornais, e fãs de esporte tendem a ler jornais "de trás para frente". Tais pessoas podem ser vistas no metrô abrindo seus jornais e imediatamente indo para as últimas páginas. Ao colocar o anúncio na página 2, Wiseman adotou uma espécie de abordagem filosófica, e mesmo lógica, contra aqueles fãs de esporte. E que tipo de gente é essa? Com certeza pessoas azaradas, sem a sofisticação necessária para ler as notícias verdadeiras. Mas estamos divagando. Em qualquer caso, não há essa distorção aqui. Nosso anúncio é colocado bem no meio do jornal. Assim podemos dizer de imediato quem são as pessoas sortudas.

Faz sentido admitir que a sorte tem mais a ver com atitude que com eventos, uma vez que eventos tendem a acontecer em cadeia (a não ser quando são fatais...). Um jovem filósofo pode, por exemplo, ter um novo chefe que decide que todos no departamento têm de fazer um teste lógico. Isso é um azar, especialmente se você não conhece nada de lógica e considera que o estudo da psicologia (e da sorte) resulte em insights mais filosóficos.

A má sorte pode ser ampliada primeiro se a pessoa for demitida, e então, se por ficar desempregada durante anos. No decorrer desse tempo, o estresse pode deixá-la doente, e o gato pode ficar para fora de noite e brigar com o do vizinho. Tudo isso seria com certeza má sorte. No entanto, as ondulações no lago também se espalham mais largamente. Depois de diversos anos de desemprego, você pode se tornar um escritor ou artista cuja fama se espalha de país a país. Você pode até mesmo se aposentar cedo e viver luxuosamente em uma *villa* no Pacífico com sua bela companhia (cachorro, gato ou pessoa de seu gosto), enquanto, na chuvosa Grã-Bretanha, o rigoroso departamento de Lógica é remodelado pelas autoridades da universidade e se funde com o de Teologia. Todo mundo é obrigado a ensinar criacionismo. Uau! Então foi azar ter sido demitido antes? Tais julgamentos se tornam arbitrários.

Outro fator curioso é que as pessoas julgam a sorte não pelo resultado, mas pela expectativa. Psicólogos, por exemplo, descobriram que, entre campeões olímpicos, aqueles que ficam em segundo lugar não são necessariamente mais felizes que aqueles que ficam em terceiro, apesar de terem se dado melhor. Ao contrário, os medalhistas de prata veem a medalha de ouro tão perto e ainda assim tão longe, por falta de um pouco mais de velocidade, ou seja lá o que for, enquanto aquele que ganha o bronze fica muito satisfeito com o que lhe cabe, pensando em como facilmente poderia ter chegado em quarto ou mesmo não ter chegado.

dia 14

Este não é um livro de autoajuda

Este não é um livro de autoajuda. *Faça um resumo para você mesmo.*

SEMANA 3

Experimentos em filosofia *prática*

dia 15

Use óculos de proteção de cabeça para baixo

À parte os óbvios perigos práticos de tais experiências (como derrubar água quente da chaleira, ser atropelado, ser parado pela polícia e perguntado por que está usando óculos para ver de cabeça para baixo enquanto dirige), o resultado curioso é que as pessoas se adaptam muito facilmente a ver o mundo ao contrário. Na verdade, logo nos primeiros dias, não faz diferença. O próprio George Stratton descobriu isso depois de fazer seus óculos.

Se as pessoas de início estavam "comicamente desajeitadas", depois de poucos dias com os óculos elas logo paravam de confundir as coisas. Alguns demonstraram isso esquiando ou andando de bicicleta no trânsito da cidade com os óculos. Como diz o professor Dennett, a "questão natural, embora enganosa, é: as pessoas no experimento se adaptam ao virarem mentalmente de cabeça para cima o mundo, ou se se acostumam a viver em um mundo de cabeça para baixo?".

Sendo um filósofo, Dennett então explica, logo depois de colocá-la, que essa é a questão *errada*. Na verdade, ele prossegue, quanto mais os sujeitos da experiência se adaptavam aos óculos, mais eles reportavam que a questão parecia irrelevante. A conclusão foi que o sentido do que você está vendo é inseparável do uso que está dando a isso, ou, como diz Dennett, da "interpretação cognitiva" disso.

Psicólogos, sendo o que são, forçaram vários membros do reino animal a usar os óculos e mediram suas reações. Eles notaram que macacos se adaptaram bem, mas que o mesmo não se deu com ratos e peixes. A conclusão importante foi que, para alguns animais, o que veem depende de estarem usando os óculos ou não.

dia 16

Andando em brasa e banhos frios

Caminhar sobre brasas é um ritual praticado por povos de todas as partes do mundo há milhares de anos. A primeira referência escrita a tal ato aparece em um conto da Índia datado de 1200 a.C. Desde então o fenômeno foi observado e registrado em numerosas culturas e religiões.

Embora continue a ser percebida por algumas pessoas como atividade paranormal, desde os anos 1930 foi bem compreendida e explicada com o uso dos princípios da física.

Nessa época, o Council for Psychical Research, em Londres, organizou duas caminhadas sobre brasas para estudar o fenômeno. Na primeira, um indiano chamado Kuda Bux e dois cientistas britânicos andaram nas pontas dos pés por uma cova de cerca de quatro metros, contendo tições de carvalho-vermelho (ou seja, tições a cerca de 400°C). Dois anos depois, dessa vez liderados (por alguma razão que a história deixou obscura) por um cavalheiro muçulmano e um inglês eminentemente espiritual, Reginald Adcock, diversos outros fizeram uma segunda caminhada. Na equipe de Adcock *não houve sobreviventes.*

Correção! Não tendo poderes sobrenaturais ou assistência, e orgulhosos disso, nenhum dos participantes de qualquer uma das equipes ficou "substancialmente queimado", o que quer que isso signifique. De toda forma, significou o bastante para que o Conselho divulgasse um comunicado declarando que fé religiosa e poderes sobrenaturais eram desnecessários para caminhar sobre brasas, pois o segredo residia na baixa "condutividade térmica" da madeira ou dos tições combinado ao pouco tempo em que os pés dos participantes estiveram em contato com eles.

Depois disso, andar sobre brasas perdeu muito do seu interesse para pesquisadores psíquicos ou quaisquer outros, embora houvesse um pequeno ressurgimento nos anos 1960 entre os hippies e, depois, nos anos 1980, entre executivos (provavelmente as mesmas pessoas, mais velhas). Os dois grupos viram na atividade uma forma de desenvolver o poder da "mente coletiva" sobre a individual.

Um jeito muito mais fácil de fazer a mesma coisa é tomar um banho frio. Embora isso também não requeira quaisquer convicções religiosas, tem seu próprio significado ritual.

dia 17

R-pentomino

A primeira pessoa a examinar os mistérios dos pontinhos foi o matemático britânico John Horton Conway, nos anos 1970. Para começar, ele usou um tabuleiro do jogo chinês Go, que consiste em uma grande grade de quadrados e centenas de pedras brancas e pretas. Ele colocou as pedras pretas no centro para criar uma forma e aplicou as "regras", usando as brancas, para evitar confusão, em relação a quais sobreviveram na geração seguinte.

Na verdade é muito fácil desenvolver a maioria dos padrões – eles rapidamente degeneram em um punhado de formas menos interessantes, mas estáveis, feitas apenas de alguns pontos a "piscadora", o "bloco", a "colmeia" e assim por diante (ver box nas páginas 132-133). Mas uma formação com apenas cinco elementos era muito diferente. Seu descobridor, o orgulhoso Conway, chamou-a de R-pentomino, e percebeu que seu comportamento era "altamente instável", com cada geração muito diferente da predecessora. De fato, algumas moléculas matemáticas levam milhares de gerações para se estabilizarem! Mas a coisa mais intrigante do R-pentomino é que, enquanto está vivo, ele ejeta em seu mundo bidimensional uma série de formações pontilhadas que "escorrem" lentamente para fora do padrão para sempre. Nesse sentido, o R-pentomino é não apenas um padrão extraordinário mas também imortal.

Conway logo decidiu que seria melhor usar um computador para fazer os cálculos, simples porém repetitivos – e, como se sabe, existem muitas versões fascinantes do Jogo da Vida na internet. Mas, no mínimo, um pedaço grande de papel com uma grade desenhada e uns cinquenta pedaços de papel recortados funcionam. (Com relação a nossa forma, na próxima geração veremos que todos menos um dos pontos sobrevivem, já que cada um deles tem dois ou três vizinhos. A exceção é o ponto no meio, com quatro vizinhos, que desaparecerá. No entanto, para compensar, três novos pontos aparecem em cada um dos "cantos".)

O Jogo da Vida foi o desenvolvimento de uma ideia esboçada nos anos 1940 por John von Neumann, que tem um papel peculiar no aperfeiçoamento do computador. De fato, dado o avanço e a disseminação de computadores perfeitamente capazes de fazer cálculos complicadíssimos (normalmente triviais) para outros arranjos, logo o jogo se tornou um culto – e uma pedra angular no mundo da inteligência artificial. Ele pode mesmo ser ajustado para funcionar como uma espécie de "máquina de Turing", ou seja, um computador com estrutura muito simples (criada por outra figura influente no desenvolvimento dos computadores, Alan

Turing), capaz de lidar com enormes questões como... a origem e o significado da "vida".

Padrões de vida

As características essenciais da vida foram identificadas no século XIX por um matemático – e não um biólogo! –, John von Neumann. Elas são:

- um projeto (o DNA das células humanas);
- um fator (o mecanismo que leva adiante a pré-produção);
- um controlador (para assegurar que a fábrica se atenha aos planos – na biologia, esse papel é assumido por enzimas especializadas);
- uma máquina de copiar (para passar as instruções para a próxima geração).

John von Neumann observou que todas elas podem ser facilmente representadas como regras lógicas, e é exatamente isso que o jogo de J. H. Conway faz.

Moléculas simples no Jogo da Vida

A "piscadora"

SEMANA 3

Se move, mas não muito rápido. Na verdade, apenas "pisca".

O "bloco"

Uma vez um bloco, sempre um bloco. A não ser, é claro, que seja atingido por uma "deslizadora".

A "deslizadora"

Depois de ser criada, a deslizadora se move diagonalmente... talvez para um dia encontrar outra deslizadora e se tornar um R-pentomino.

A "colmeia"

Uma forma sem graça, mas estável. Neste mundo, para a maioria das formas de vida, o pós-morte é a reencarnação como uma colmeia.

> Nos organismos vivos, a complexidade emerge como resultado de simples reações químicas que seguem certas regras. São essas moléculas mais completas que evoluem para formar células, e estas por sua vez interagem para se tornarem órgãos especializados. Órgãos interagem para formar organismos que interagem, se comunicam e se reproduzem em escalas cada vez mais altas para formar, por fim, o universo.

dia 18

Propriocepção e o efeito McGurk

A propriocepção é um suposto sentido adicional, que nos permite distinguir coisas que pertencem a nós, como dedos, daquelas que não pertencem, como luvas. O cérebro tem uma imagem de nós mesmos – nossa boca é enorme – que guia nossas ações e reações. Mas por vezes, talvez depois de um dano cerebral, esse sexto sentido pode ser perdido. Em tais casos, pessoas experimentam regularmente a sensação de separação de suas almas dos corpos, da mesma forma como outros relataram "experiências fora do corpo" – talvez dormindo, deitadas na cama ou na sala de cirurgia de um hospital durante uma operação. A mente "vê" o corpo pela primeira vez, agora como algo separado e alheio a ela.

Para aqueles que sofrem a perda da propriocepção, é como se seu corpo tivesse morrido. Qualquer alívio pela sobrevivência da alma é limitado por ela estar ligada a um corpo morto. Filósofos frequentemente começam, como Descartes, a considerar seus próprios corpos físicos. Posso duvidar que essa mão é minha?, eles perguntam. Mas *realmente* duvidar não é piada...

E Descartes observou, corretamente, que em um sonho alguém pode imaginar que sua perna esteja coberta por uma pele amarela, mesmo que não esteja. Descartes pede que nos recolhamos a nosso eu mais interior (a glândula pineal, ele sugere com hesitação), de onde possamos olhar as outras partes sem suspeitas. Pode-se enganar a mente de muitas formas com relação ao corpo, portanto, o conhecimento de nós mesmos é realmente duvidoso. Mas os filósofos, aqueles caras práticos, não se perguntaram o que quer dizer quando o corpo é enganado pela mente.

Em nosso teste de coçar o nariz, a venda é necessária porque os olhos fornecem ao cérebro uma rota alternativa para que o cérebro crie sua imagem do corpo. Assim, para as pessoas que por doença ou acidente sofreram a perda desse peculiar sexto sentido, pode haver uma maneira alternativa de reconstruir o controle de seus corpos: por meio da observação. Sacks, de novo, descreve um de seus pacientes:

> Ela tinha, no começo, de se monitorar pela visão, olhando cuidadosamente cada parte de seu corpo enquanto ele se movia, usando uma consciência e cuidado quase dolorosos. Os movimentos dela, conscientemente monitorados e regulados, foram a princípio desajeitados e artificiais, no mais alto grau. Mas então... começaram a parecer mais delicadamente modulados, mais graciosos, mais naturais (embora ainda totalmente dependentes do uso dos olhos)... Três meses depois fui surpreendido ao vê-la sentada de maneira muito elegante – fina demais, estatuesca, como uma dançarina no meio de um movimento. E logo vi que seu sentar era mesmo uma pose, consciente ou automaticamente adotada, mantida com um tipo de atitude forçada ou intencional, ou ainda uma postura histriônica, para compensar a perda contínua de qualquer pose genuína ou natural.[5]

---

[5] *O homem que confundiu sua mulher com um chapéu*, 1985.

A paciente de Sacks recuperou a habilidade de usar seu corpo, mas ela sentia que o "possuía"? Não. Ela permanecia um "espírito descarnado", uma estátua ambulante, quase um zumbi. (Curiosamente, gente que toma vitaminas por moda pode conseguir uma falha semelhante nos circuitos da propriocepção por ingestão excessiva de vitamina B6, mas, nesse caso, a situação volta ao normal quando cessa a ingestão de comprimidos.)

Outro tipo de disfunção envolve também a perda da capacidade de controlar partes do corpo. Pessoas acreditam que um braço ou uma perna ou não são delas, ou são delas mas estão mortos. Sacks descreve uma senhora que nasceu cega e ainda passou toda a vida sem conseguir usar as mãos. Elas ficavam em seu colo como "massinha de modelar". Quando sua comida era colocada ligeiramente fora do alcance, deixando-a faminta ou impaciente, ela "descobria" o uso de suas mãos com uma tentativa "involuntária" de esticá-las para alcançar a comida.

O efeito McGurk

Quase todos os adultos, ou 98% deles, de acordo com o experimento McGurk original (descrito na publicação científica *Nature* em 1976), insistem que estão ouvindo DA DAA! DAAA! DA DAA! DAAA! (título de uma música não há muito tempo popular... foi em meados dos anos 1970? Esqueci quem cantava, e provavelmente não há importância científica em ouvi-la de novo). De qualquer forma, Harry e seu amigo viram o truque como resultado do cérebro tentando dar sentido aos sinais visuais e auditivos conflitantes. A solução do cérebro para inputs conflitantes é oferecer uma "resposta amalgamada": DA DAA! DAAA! DA DAA! DAAA!

(manhã) dia 19

Faça uma caminhada numa trilha costeira muito longa

Em certo sentido, somos todos "criaturas do mundo plano". Há muito tempo os filósofos elevaram formas ideais à "verdade simples" e à "elegância na teoria", para dominar a confusa irregularidade, dizendo que eram as chaves para entender o mundo ao nosso redor. Assim, hoje acreditamos que vivemos todos em uma enorme folha de papel plana e, mais ainda, que quando vamos a algum lugar, o fazemos com linhas ou curvas geométricas lógicas. Isso é muito reconfortante.

No que diz respeito ao caminho da costa – embora seja possível imaginar equipes de busca confusas se tentassem localizar alguém apenas por sua distância da trilha –, este é um problema mais teórico que prático. Em nosso mundo cotidiano e organizado, existem todos aqueles marcos coletivamente reconhecidos, e seria provavelmente muito fácil dizer onde estamos em referência a eles, assim como podemos dizer a alguém do outro lado do mundo que vivemos sob as torres de transmissão de rádio em Eggbuckland, perto de Exeter, Devon, ou no Monte Coolum, perto de Maroochydore, Austrália, sem nos preocuparmos com os detalhes em 2D, que dirá em 3D.

Mas, de muitas formas, somos mais como ácaros de poeira vivendo em uma bola de barbante. Do ponto de vista do dono de tal bola de barbante, é uma esfera com um minúsculo ácaro de poeira rastejando por ela. Se o ácaro (talvez usando um telefone celular de ácaros) chamar outros para ajudar em sua longa caminhada, eles vão querer saber a posição do colega em três dimensões.

Para o ácaro, porém, olhando as coisas de perto, a bola não parece uma estrutura complicada ou emaranhada em um espaço tridimensional. Para ele, o barbante simplesmente parece se estender para a frente e para trás. Quase não faz diferença para ele (do ponto de vista humano do dono da bola) se o barbante está enrolado metodicamente ou se ficou preso em um prego e o restante se soltou, formando uma linha. Porque, para o ácaro, sua posição é a mesma se o barbante estiver enrolado em uma bola ou se estiver esticado. A localização do ácaro é dada apenas pelo espaço unidimensional – onde ele está na linha do barbante.

Como Benoit Mandelbrot apontou em *The Fractal Geometry of Nature* (1982), essa percepção de que a posição matemática pode depender da relação do objeto com o observador mina a aparente objetividade da geometria.

(tarde) dia 19
Faça uma cama de pregos

A misteriosa habilidade dos faquires indianos (e hoje de muitos excêntricos também) de dormir em camas de pregos é outro episódio bem documentado da interminável batalha entre "mente" e "matéria". Assim, para descobrir se é necessária alguma explicação "sobrenatural", há método mais prático do que simplesmente construir sua própria cama de pregos e tentar você mesmo dormir nela durante uma noite?

Para aqueles que não têm intenção de fazer isso e para a sorte dos que têm, dormir em camas, mesmo que de ameaçadores pregos, tem mais a ver com as leis da física relacionadas à área de superfície e pressão do que com o espiritualismo ou a realidade transcendental.

Na verdade, o distinto professor contemporâneo de física Dave Wiley usa uma cama de pregos (quando não está andando sobre brasas) com as especificações dadas aqui para entreter sua classe. Ele até floreia o desempenho usando outra prancha com pregos sobre seu peito (criando portanto uma espécie de sanduíche humano) e deixando que um bloco de concreto seja colocado sobre ela enquanto está deitado. Afinal de contas, como ele diz, "nada vai chamar mais a atenção de adolescentes do que um professor que vai se matar".

Dessa forma, o experimento ilustra o poder de uma cama de pregos sobre a mente, e não o contrário.

dia 20

Agora as coisas ficam realmente perigosas...

Estas *webcams* são interessantes demais para serem interessantes. Queremos algumas que sejam mais chatas. E parece que a primeira webcam foi criada logo depois da World Wide Web por nerds de computação da Universidade de Cambridge. Eles tiveram a ideia extremamente entediante (estamos falando de Cambridge!) de focar a câmera em uma máquina de café para que pudessem ver, do conforto de seus escritórios, se a bebida já estava pronta. O Trojan Room Coffee Pot foi testado na tela em 1991, tornou-se global em 1993 e terminou oito anos depois, em 2001, sendo leiloado por 3.350 libras (o que em si mesmo é um fato entediante).

Mas recipientes de café têm de competir com webcams focadas em ninhos de pássaros, que criam o prazer esotérico de passar o dia *twitching** para todos aqueles que de outra forma poderiam

---

* Twitch é um site no qual as pessoas podem ver milhares de pequenos vídeos de coisas estranhas em todo o mundo.

não usufruir disso. A Hencam, por exemplo, que entrou on-line no norte da Inglaterra no sombrio verão de 2005, mostrava várias galinhas, em um poleiro de Bradford, ciscando, botando ovos, fazendo de tudo! "Eu, honestamente, não consigo acreditar que pessoas queiram se sentar para ficar olhando as galinhas", disse o proprietário a um jornal. Alguns podem também achar difícil imaginar por que alguém colocaria uma câmera em seu galinheiro.

dia 21

Rabiscos

A medicina se preocupa com a falta e a perda. É muito menos preparada para lidar com o excesso de qualquer espécie: otimismo demais – em oposição à depressão; resposta muito rápida a estímulos – em oposição à incapacidade de resposta. Em 1885, Gilles de la Tourette identificou uma síndrome (que agora leva seu nome) na qual há um excesso de energia nervosa caracterizada por tiques, caretas, humor estranho, truques idiotas e comportamento antissocial de todo tipo. La Tourette identificou o problema como a perda do controle do ego sobre impulsos primitivos. É mais ou menos como estar bêbado.

Nos anos 1920, uma epidemia de "doença do sono" desconcertou a medicina europeia. Os primeiros sintomas eram similares à síndrome de Tourette, com movimentos incontroláveis e convulsões seguidos de um estupor, como se fosse um transe.

O bom e velho doutor Sacks tratou pacientes que por quarenta anos estavam "dormindo" desse jeito com uma droga chamada L-DOPA, que facilita a transmissão de sinais elétricos dentro do cérebro. Ela funcionou para acordar pacientes, mas eles frequentemente se tornavam hiperativos, inclinados a impulsos selvagens e descontrolados, mesmo delirantes.

SEMANA 3

Em alguns de seus piores efeitos físicos, a síndrome de Tourette se parece com a doença de Parkinson, mas tem também efeitos mais amplos e psicológicos, como respostas aguçadas para música, atração sexual e tédio. Um dos pacientes de Sacks (um simples camponês de Porto Rico, a quem ele chama Miguel O.) era excelente em pingue-pongue, com tempos de reação muito ligeiros combinados a estratégias extraordinárias e improvisadas. Quando Sacks pediu que ele reproduzisse, como teste, o desenho de um simples quadrado com um círculo em seu centro e uma cruz no centro do círculo, ele rapidamente transformou o quadrado e a cruz em uma pipa e o círculo no rosto de um homem entusiasmado segurando sua linha. No entanto, ele era rude e pouco confiável no trabalho. Parecia que tinha de escolher entre sobriedade e confiabilidade, ou uma gama de habilidades excepcionais aliadas a infame senso de humor. Quando convidado a fazer o mesmo teste de desenho enquanto tomava sua medicação, o paciente desenhou... um simples quadrado com um círculo em seu centro e uma cruz no centro do círculo.

A solução foi deixar o paciente medicado durante a semana de trabalho e "doente" ou "hiper" – no fim de semana.

Normalidade

> Que paradoxo... que ironia... que a vida interior possa jazer tediosa e dormente a menos que seja liberada, desperta, por uma intoxicação ou uma doença!... Estamos aqui em águas estranhas, onde todas as condições normais podem ser revertidas – onde a doença é normal e a normalidade, uma doença...[6]

A cocaína, como tratamento de várias desordens cerebrais reconhecidas, aumenta o nível de dopamina no cérebro. Induz uma sensação de consciência elevada, de euforia naqueles que a ingerem, mas, como Freud observou, não é de nenhuma forma diferente da euforia "normal" de uma pessoa saudável.

---

[6] Oliver Sacks, *O homem que confundiu sua mulher com um chapéu*, 1985.

SEMANA 4

Investigações filosóficas variadas

(manhã) dia 22

O problema de Molyneux

A questão foi ponderada por muitos notáveis pensadores, em formas variadas (com frequência considerando o reconhecimento de cores), com conclusões variadas. O próprio Locke acreditava que a visão e o toque eram percepções dos sentidos inteiramente distintas, e que o homem cego não distinguiria a esfera do cubo ao vê-los pela primeira vez depois de restaurada sua visão.

Como ele diz em seu *Ensaio sobre o entendimento humano*:

> Eu concordo com esse cavalheiro pensante, de quem me orgulho de ser amigo, em sua resposta a esse problema, e sou da opinião que o cego, à primeira vista, não seria capaz de dizer com certeza qual era o globo e qual era o cubo, uma vez que apenas os tinha visto; embora pudesse corretamente nomeá-los pelo toque, e certamente distingui-los pelas

diferenças sentidas nas figuras. Isso eu estabeleci e deixo a meu leitor para que considere o quando pode ser ajudado pela experiência, pelos progressos e noções adquiridas, quando acha que elas não têm o menor uso ou não são úteis.

No entanto, apesar dessa esplêndida avaliação partilhada por Molyneux e Locke, o experimento se depara com o problema de que a maioria das pessoas, quando perguntadas sobre ele, supõe o contrário: um experimento que realmente questiona sua validade como uma descoberta acerca do pensamento – que, no fim das contas, deve supostamente esclarecer questões com apelo direto à intuição. Em vez disso, como nota Locke, esse "cavalheiro observador" advertiu-o que "tendo, por ocasião de meu livro, proposto isso para divertir homens muito engenhosos, ele nunca encontrou um que desse primeiro uma resposta que acreditasse verdadeira até que ouvisse as razões dele para se convencer".

(tarde) dia 22

O quarto de Mary

O experimento foi considerado tão importante pela BBC que ela o transformou em um documentário de três episódios chamado *Brainspotting*. Era cheio de cenas de uma ensolarada Austrália e de entrevistas com Frank explicando, em um estilo seco de palestra, que, primeiro de tudo, se Mary aprende alguma coisa nova, ela mostra que o que os filósofos chamam hoje de *qualia* (as qualidades subjetivas e qualitativas da existência) são uma realidade. Se Mary ganha alguma coisa depois que sai do quarto – se ela adquire conhecimento de uma coisa particular que não possuía antes –, então esse, argumenta Jackson, é o conhecimento do *qualia* de enxergar vermelho. Portanto, deve ser concedido que *qualia* são propriedades reais, já que existe uma diferença entre uma pessoa que tem acesso a um *quale* e uma que não tem.

Esta, pelo menos, é a conclusão inicial de Jackson:

> Parece simplesmente óbvio que ela vai aprender algo sobre o mundo e sobre nossa experiência visual acerca dele. Mas é inevitável que seu conhecimento prévio estava incompleto. Ela, porém, tinha todas as informações físicas. *Ergo* há algo mais que isso, e o fisicalismo é falso.[7]

Se, ao ver seu primeiro tomate real depois de anos enclausurada em um quarto branco e preto, a sensação subjetiva de Mary de "vermelhidão" é diferente de seu reconhecimento de tomates cinza na velha TV, então ela é como alguém que prova uma boa xícara de chá fresco depois de anos bebendo chá de saquinho. Há uma unidade do conhecimento abstrato e teórico com a consciência cinética e sensorial. No entanto, nosso velho amigo Daniel Dennett argumenta, *au contraire*, que Mary não poderia, de fato, aprender algo novo se saísse de seu quarto em branco e preto para ver a cor vermelha. Mas ele é um professor.

O próprio Frank ficou bastante perturbado por esse tipo de contra-argumento para anos mais tarde concordar que Mary poderia, afinal de contas, não aprender nada vendo um tomate vermelho. A "intuição" que ele teve anteriormente de que ela poderia fazer isso é entendida hoje como nada mais que uma curiosidade filosófica. Naturalmente, hoje em dia, Frank é, também, um professor!

---

[7] "Epiphenomenal Qualia", *Philosophical Quarterly*, 32, 1982.

Einstein e a relatividade da percepção

O próprio Einstein explicou em 1938 que "os conceitos físicos são criações livres da mente humana, e não são, apesar de poderem parecer, unicamente determinados pelo mundo exterior". Ele prosseguiu com uma metáfora para explicar o problema:

> Em nosso esforço de entender a realidade, agimos como alguém que tenta entender o mecanismo de um relógio fechado. Ele vê o círculo, os braços que se movem e até ouve o tique-taque, mas não consegue abrir a caixa. Se for engenhoso, ele pode criar a imagem de um mecanismo que seria responsável por todas as coisas que observa, mas pode nunca estar certo de que essa figura é a única capaz de explicar sua observação. Ele nunca poderá comparar sua imagem com o mecanismo real e não pode nem mesmo imaginar a possibilidade ou o sentido de tal comparação.[8]

dia 23

Incapaz de ver a mudança

Suposição ridícula? Bom, talvez – mas considere o estranho caso de Frodo e da jaqueta amarela...!

Uma investigação importante na psicologia humana é a "estreiteza" da percepção – de toda a informação que os sentidos recebem, uma pequena parte consegue chegar à consciência. E uma investigação correlata, idealmente adequada ao advento da internet, é a dos chamados "erros de continuidade" nos filmes. São coisas triviais, como a atriz principal ter uma pinta em seu nariz em uma cena, ne-

---

[8] Einstein, *Evolução da física*, 1938.

nhuma na seguinte e duas na próxima! Ou o fato de estar completamente nublado quando os dois amantes se beijam no parque, mas, na cena seguinte, o dia estar ensolarado. E a gente nem percebe! Aquele que teria de chamar a atenção do diretor para isso deveria estar pregado na cadeira. As equipes de produção incluem pessoas cuja função específica é assegurar que haja coerência no filme mesmo quando as cenas são filmadas com dias de diferença.

No entanto, mesmo esses especialistas em "detecção de mudanças" frequentemente não conseguem perceber os erros de continuidade, e assim os internautas têm horas para discuti-los em seus e-mails.

Em *O retorno do rei*, sequência final da trilogia *O senhor dos anéis*, por exemplo, um site conta o que aconteceu depois que os quatro hobbits são vistos entrando nos Portos Cinzentos. Explica cuidadosamente que um deles, Sam, veste uma jaqueta amarela com botões marrons sobre uma camisa branca. Ela ainda pode ser vista quando Sam e Frodo se abraçam. Mas quando Frodo chega ao barco e se vira para sorrir para seus amigos, Sam não veste mais a jaqueta amarela. *E a jaqueta nem está lá quando os três hobbits partem do local*. Pior de tudo, na cena da volta à casa, quando Sam retorna para o Shire e se reúne com sua filha, a jaqueta amarela está de volta! É impressionante como esses erros passam batidos...

Histórias da vida

Cada um de nós tem uma história de vida, uma narrativa interior – cuja continuidade e sentido são nossas vidas. Pode-se dizer que cada um de nós constrói e vive uma "narrativa" e que esses relatos somos nós, nossas identidades. Ou assim escreveu Sacks em 1985.[9]

---

[9] "Uma questão de identidade", em *O homem que confundiu sua mulher com um chapéu*.

Biologicamente, não somos tão diferentes. É apenas nas narrativas pessoais que descobrimos nossas identidades. Algumas pessoas começam sua história de vida com relatos de infortúnio e repressão, cargas impostas e oportunidades perdidas. Outros começam contando sobre oportunidades especiais, habilidades excepcionais e boa sorte. Não é importante que histórias "reais" tivessem realmente sido tão distintas ou mesmo contrárias. Tais narrativas têm sua própria lógica. Os indivíduos desempenham um papel determinado por suas "histórias" de vida, não por qualquer fato físico puro.

"A experiência não é possível até que seja arranjada iconicamente; a ação não é possível a menos que seja organizada iconicamente", acrescenta Sacks. Na verdade, a mente humana não processa "dados brutos dos sentidos", mas símbolos, ícones, construções humanas a partir do mundo sem forma.

dia 24

Teoria da cascata

As "três linhas" podem parecer um truque barato. E pode nem funcionar! Mas tente forçar um consenso sobre questões como:

- dietas com pouca gordura reduzem doenças do coração;
- o aumento de emissões de CO_2 provoca temperaturas globais mais altas; ou
- a série de livros *Harry Potter* sobre um jovem feiticeiro é um grande divertimento para todas as idades, especialmente crianças, e uma boa leitura. É um presente muito adequado...

... e as pessoas cedem. A reação "correta" e "natural" para todas as três questões seria "discordo fortemente". *Mas não se fie em mim.*

SEMANA 4

Certamente, na vida real, construiu-se um consenso forte em torno de todas as três, e agora a maioria das pessoas vai "fortemente concordar". Ou talvez nem tanto em relação aos livros de Harry Potter. (Mas milhões de pessoas ainda compram os livros ou assistem aos filmes!)

Cientistas sociais chamam isso de teoria da cascata. A ideia é que a informação cascateie sobre uma "pirâmide informacional" – como uma queda d'água. Quantas quedas d'água realmente cascateiam pirâmide abaixo? Não muitas. Mas essa não é a questão. É fácil para as pessoas adotar o ponto de vista de outras se elas não têm capacidade ou interesse de descobrir por si mesmas. Esse sem dúvida é um instinto social útil. Como se afirmou, a teoria da cascata concilia o "comportamento de rebanho" com a escolha racional, porque, com frequência, é racional para um indivíduo confiar em informações passadas a ele por outros.

Infelizmente é menos racional escolher informações erradas, e isso é o que mais pode acontecer. Encontramos pessoas cascateando inutilmente como bestas selvagens fugindo de leões inexistentes, e isso acontece de muitas formas em nossos cotidianos. Algumas coisas refletem exatamente essa tendência do rebanho, de seguir informações falhas, como vários comportamentos econômicos e de negócios, incluindo modismos na administração e a adoção de novas tecnologias e inovações, sem contar as incômodas regulamentações de saúde e segurança.

Algumas pessoas dizem que é necessário, como resposta, incentivar uma série de pontos de vista, mesmo quando sejam perturbadores para a "maioria". Por exemplo, permitir que as pessoas neguem o aquecimento global. Ou deixar professores em escolas e universidades decidirem o que vão ensinar. Mas mais pessoas dizem que o que é necessário é um controle mais estrito da informação, para impedir que "opiniões erradas" sejam disseminadas. Essa é a visão que agora se encontra cascateando pirâmide abaixo.

> ## Propaganda
>
> Nas palavras do sobrinho de Freud Edward Bernays (1891-1995) – empregado durante o dia como promotor de teatro –, os quereres e desejos humanos são "o vapor que faz funcionar a máquina social".[10] Se propriamente conduzida, a pressão da opinião pública pode ser controlada, "na verdade, pelo apertar de um botão".
>
> O rebanho, ele notou, gostava de seguir o exemplo de uma figura de autoridade confiável. Sem isso, depende de "clichês, palavras de consolo ou imagens que fazem o papel de todo um grupo de ideias e experiências".

Um dos melhores exemplos da teoria da cascata é o consenso inteiramente falso construído nos anos 1970 em torno do perigo de "comidas gordurosas". Essa ideia ainda existe – mas nunca teve qualquer base médica ou científica.

A teoria nesse caso pode ser relacionada a um único pesquisador, Ancel Keys, que em 1953 publicou um estudo dizendo que os americanos estavam sofrendo uma "epidemia" de doenças cardíacas porque suas dietas continham mais gordura do que aquela a que seus corpos haviam se acostumado em milhares de anos de evolução natural.

Keys acrescentou como evidência um estudo comparativo entre Estados Unidos, Japão e quatro outros países. País por país, ele mostrava que uma dieta gordurosa coincidia com altas taxas de doenças do coração.

Para azar da teoria, dietas tradicionais não eram especialmente baixas em gordura – mesmo os caçadores/coletores imaginários de outrora, se dependessem de suas caças para comer, estariam ingerindo muito mais gordura em suas dietas do que as pessoas de

---

[10] *Propaganda*, 1928.

hoje. Como assinalou a revista *Science*, nos cem anos anteriores à suposta "epidemia" de doenças do coração, os americanos estavam consumindo grandes quantidades de gordura, e assim a epidemia estava seguindo uma redução, e não um aumento, na quantidade de gordura na dieta dos americanos.

A comparação de Keys foi distorcida. Como críticos apontaram na época, muitos países não se encaixavam na teoria (casos óbvios da França e Itália, com suas culinárias gordurosas), mas Keys simplesmente os excluiu. A American Heart Association, considerada a porta-voz dos especialistas nesse caso, chegou a divulgar um relatório, em 1957, afirmando claramente que as teorias de que gorduras causam doenças do coração não "sobreviviam a um exame crítico". Mesmo a existência de tal epidemia também era duvidosa: a causa óbvia de taxas mais altas de doenças de coração era que as pessoas estavam vivendo mais, tempo o bastante para desenvolverem doenças coronárias. Mas era tarde demais, e a cascata já tinha começado.

Três anos depois, a Associação divulgou um novo relatório, revertendo seu ponto de vista. Ela não tinha uma evidência nova, mas havia novos membros escrevendo o relatório – Keys e um de seus amigos. O novo documento foi capa da revista *Time* e foi acolhido por não especialistas do Departamento de Agricultura dos Estados Unidos, que, por sua vez, pediram a um simpatizante da teoria que criasse "novas diretrizes". Logo, tornara-se difícil achar um médico (mesmo que poucos pesquisadores especializados ainda protestassem) que estivesse disposto a se manifestar contra um consenso tão "avassalador".

E tudo isso foi bom o bastante para que a mais alta autoridade médica do país, lá chamada de *Surgeon General* (cargo equivalente ao de ministro da Saúde), divulgasse, em 1988, um alerta sombrio sobre gordura em alimentos, afirmando zelosamente que comidas gordurosas eram uma ameaça tão grande à saúde quanto fumar.

Era uma teoria bem idiota, e certamente não foi baseada em evidências adequadas. Na verdade, em anos recentes, estudos de ampla escala nos quais grupos comparáveis foram colocados em dietas controladas (com pouca ou muita gordura) encontraram uma correlação. A dieta de baixa gordura parece não ser saudável! Mas ninguém tem muita certeza do porquê.

Assim, da próxima vez que alguém disser que "todos os especialistas concordam" – mesmo que eles sejam filósofos! –, não esteja certo de que isso prove alguma coisa.

O apelo à ortodoxia

Um preconceito partilhado por muitos também pode ser citado como uma verdade. Isso é parte do que Charles Mackay chamou de "A loucura das multidões".

Pegue por exemplo o "aquecimento global". No momento em que escrevo, "todos" concordam que o planeta está esquentando, devido ao aumento de emissões de dióxido de carbono causadas pelo consumo humano de combustíveis fósseis.

Rastreando a temperatura média do mundo desde o fim do século XIX, pessoas nos anos 1940 perceberam que havia uma nítida tendência de aquecimento. No entanto, durante os anos 1960, cientistas descobriram que nas duas últimas décadas a tendência passara a ser de resfriamento. Muitos cientistas previram um resfriamento continuado e prolongado, que podia ser uma fase de um longo ciclo natural ou algo causado por atividades humanas.

Os cientistas então notaram que na Idade Média as temperaturas haviam sido muito mais altas. Relatos escritos descrevem a Alemanha em 1540 sofrendo de incêndios florestais disseminados e morte de gado durante secas. O Reno, em Colônia, estava tão baixo que as pessoas podiam atravessá-lo a cavalo, enquanto na

Basileia era possível andar sobre as pedras da parte central do rio sem molhar os pés. Outros relatos afirmam que o vinho tinha um conteúdo incomum de álcool, tanto que as pessoas caíam bêbadas nas ruas e, como resultado do *Mordbrennerhysterie*, houve um pico de execuções de incendiários na Europa Central.

Parecia claro que as temperaturas haviam caído desde então. Mesmo assim, outros insistiam que a emissão humana de gases traria o aquecimento a longo prazo. No fim dos anos 1970, o ponto de vista desse grupo tornou-se predominante, como é hoje. Mas dizer que "todos os cientistas concordam" não faz sentido, a menos que se acrescente uma referência de tempo: "Este ano, todos os cientistas concordam..."

> Ao ler a história das nações, descobrimos que, como indivíduos, os países têm seus caprichos e peculiaridades, suas épocas de excitação e negligência, quando não se importam com o que fazem. Descobrimos que comunidades inteiras subitamente fixam suas mentes em um objeto e enlouquecem em sua busca, e que milhões de pessoas são tocadas simultaneamente por uma ilusão e correm atrás dela, até que suas atenções sejam apanhadas por alguma nova loucura mais cativante que a primeira.[11]

Se preconceitos rasos, como "todo mundo sabe que os negros são preguiçosos", "mulheres não conseguem seguir argumentos lógicos" ou "judeus são avarentos" etc. podem não ser aceitáveis (embora evidentemente para um número ainda grande de pessoas eles sejam), outros menos reconhecidamente controversos são sempre seguros de serem usados em uma conversa: "Todos sabem que os orientais respeitam muito a autoridade", "todos sabem que as mulheres são mais cuidadosas que os homens" etc.

---

[11] Charles Mackay, *Memoirs of Extraordinary Popular Delusions and the Madness of Crowds*, 1841.

O debate político gira em torno dessa pretensão do consentimento geral: "Todos sabem que impostos altos desencorajam a geração de riqueza", "todos concordam que altos benefícios sociais criam uma dependência da previdência". E principalmente nos dias de hoje: "Todos os cientistas (essas autoridades impecáveis) admitem que telefones celulares são seguros"... ou que "manteiga faz mal"... e assim por diante.

Tudo para provar que não há "opinião, por mais absurda que seja, que os homens não abracem prontamente", como se queixou Schopenhauer, uma vez que ela alcance o status de convenção. Isso porque as pessoas são carneiros e, tal como esses animais fofos, não possuem independência de julgamento. Não é à toa que uma pesquisa da Gallup de 1993 descobriu que quase metade dos americanos acreditava que seres humanos haviam sido "criados" mais ou menos em sua forma atual, cerca de 10 mil anos atrás, o que também mostra a verdade da observação de Sêneca de que "todo homem prefere a crença ao exercício do julgamento".

dia 25

Explique-se!

Economistas admitem que, enquanto existe uma série de alterações aleatórias de curto prazo, tendências de longo prazo são determinadas por fatores macroeconômicos sensíveis, como mudanças em tecnologia, produtividade, guerras e novas invenções. Tradicionalmente, eles supõem que os preços mudam suavemente, e não em saltos abruptos – uma constatação emprestada da física do movimento. Na verdade, os preços saltam em resposta a notícias ou rumores. Procuramos padrões que não existem.

Biologia, clima, mercados de ações... filósofos vêm há tempos buscando explicar o comportamento de cada um deles com apenas um conjunto de regras. Heráclito dizia que tudo é fluxo; Tales, que tudo é água. Pitágoras dizia que tudo era matemática. Os seguidores atuais dessa tradição apelam para o avanço do conhecimento científico, que é suposta busca de grande teoria da unificação. Tais pessoas desprezam as que falam em "mistérios" e no inexplicável.

Mas o sóbrio matemático e cientista da computação John von Neumann coloca as coisas de outra forma. Os mistérios é que são importantes e permanentes, e as explicações são especulativas e temporárias. As ciências não tentam explicar, ele escreveu, não tentam sequer interpretar; elas basicamente constroem modelos.

> Por modelo quero dizer um construto matemático que, com o acréscimo de certas interpretações verbais, descreve fenômenos observados. A justificativa de tal constructo matemático é apenas e precisamente que se espera que ele funcione.[12]

Quantas ilustrações há neste livro?

Há exatamente 28 ilustrações.

dia 26

Investigando a desrazão e a discussão

Lidar com a ambiguidade e o contraexemplo ridículo frequentemente confunde oponentes. Sócrates, é claro, faz uma porção de perguntas semelhantemente ridículas para vencer os debates nos diá-

---

[12] De um ensaio chamado "Método nas ciências físicas", 1955.

logos de Platão. E minúcias são ferramentas tão fortes em discussões que até o próprio Zeus as usavam. Numa das fábulas de Esopo, o rei do monte Olimpo havia prometido conceder à abelha um desejo e, quando ela pediu que dali em diante sua picada fosse fatal, ele teve de concordar, mas se esqueceu de esclarecer que seria fatal para ela. Essa espécie de engodo, como Schopenhauer diz, vai longe.

Outro modo de vencer é aplicar um "curto-circuito" nos pontos de vista de seu oponente e depois tirar uma conclusão que possa ser rebatida a partir de sua interpretação errônea. Por exemplo, a discussão do tempo com referência a Zeno poderia ser bagunçada com você dizendo: "Bom, se você acha que o tempo não existe, então pode explicar como sempre consegue pegar o trem para casa na hora?"

Ou considere este debate sobre a ética em Kant:

OPONENTE: É sempre errado tratar uma pessoa como um meio para um fim, e não como um fim nela mesma.
VOCÊ: Se você acha que sempre é errado, como é possível que peça a pessoas em lojas e restaurantes que o sirvam?

Se a posição fosse revertida e nós tivéssemos afirmado que era errado tratar uma pessoa como um meio para um fim, em vez de como um fim nela mesma, apenas para nos depararmos com oposição, poderíamos perguntar: "Bom, se você acha que tudo bem tratar uma pessoa como um meio para um fim, então por que você não se ajoelha já e lambe meus sapatos até eles ficarem limpos?"

É barato, mas funciona.

Outras táticas evasivas para "vencer" discussões

Tática 1 – *Tangentes e rotas de fuga* – Suponha que fomos apanhados fazendo uma argumentação factual que não podemos sustentar, mesmo inventando estatísticas. Em vez de recuar ou retirar o argumento, muitas vezes é melhor buscar refúgio seguro em generalidades.

SEMANA 4

Nós talvez tenhamos opinado, por exemplo, que tênis faz bem à saúde e fomos recordados, bruscamente, por um relato detalhado, de problemas de saúde associados ao tênis – ataques do coração, problemas no cotovelo etc. Para evitar fazer concessões, é preferível recuar para generalidades imponentes sobre o "exercício" como um todo. "Jogado com moderação", podemos dizer, "o tênis, assim como todos os exercícios cardiovasculares (acrescente algum jargão), pode (use uma palavra evasiva) ser benéfico para a saúde, embora obviamente quando praticado em excesso tenha também desvantagens."

Dessa forma, você pode recobrar uma situação da qual não teria como se salvar. Nós concedemos o ponto, mas fingimos que o ponto de nosso oponente era, na verdade, nosso. Essa tática covarde muitas vezes dá certo.

Usar expressões evasivas, como "pode ser", adotadas aqui no lugar de "são", que é o que faria sentido, é a marca de um político. Um professor contemporâneo de política, Jodi Dean, demonstrou recentemente a tática notando que argumentos são em si mesmos inerentemente políticos, uma tentativa de impor alguma suposta verdade ao outro. "A discussão, que muitos acreditam que seja parte do processo democrático, é fútil, talvez (evasiva) porque a democracia pode (segunda evasiva) trazer um Holocausto."

Um uso mais histórico dessa tática vergonhosa é o de Karl Marx, que escreveu um artigo sobre as consequências prováveis de um motim na Índia nos anos 1850. Ele disse mais tarde a seu amigo Engels que não sabia realmente o que poderia acontecer, mas tinha, "é claro, fraseado minha posição de tal forma que o resultado poderia ser um ou outro".

Tática 2 – *Seja específico demais, confunda com detalhes irrelevantes* – Outro truque é pegar uma observação correta e estendê-la a coisas às quais não se pretende que ela seja aplicada. Pegue, por exemplo, uma discussão sobre velhos canos de chumbos nas casas. Alguns belos edifícios estão sendo condenados à demolição em parte por causa do custo de substituir os canos por outros mais modernos. É isso que acontece neste debate:

> OPONENTE (*corretamente*): É simplesmente muito caro renovar casas antigas. O chumbo na água é extremamente perigoso e, infelizmente, as velhas casas não são mais adequadas para habitação.
>
> VOCÊ: Os perigos do chumbo na água são muito exagerados. O chumbo está presente em todos os solos, rios, lagos e na água do mar. Não esqueça (apelando para a imaginação da audiência, já que ela não tem ideia disso, mas provavelmente acha que deveria ter), o chumbo também está no ar, na poeira. O chumbo está presente numa proporção de 15 partes por milhão em rochas ígneas – as mais comuns na superfície da Terra – e no solo. Os solos naturais nunca estão livres de chumbo. Já nas casas, desde que a torneira seja aberta por alguns minutos todas as manhãs para limpar os canos da água que ficou parada neles durante a noite, e a concentração de chumbo cairá a níveis aceitáveis.
>
> OPONENTE (*irritado*): Ridículo! *Qualquer* chumbo é perigoso.
>
> VOCÊ: Pelo contrário, mesmo que o chumbo em nossa água seja removido artificialmente, ainda ficaríamos com meio miligrama de chumbo por dia. E de onde ele vem, vocês podem perguntar? Entra no corpo pelo ar que respiramos, mas a maior parte dele é ingerido oralmente, em bebidas, alimentos, remédios, suplementos, na verdade, em quase tudo o que ingerimos. Num adulto saudável, todo o corpo contém traços de chumbo, com 90% dele concentrado nos ossos, onde atinge níveis muito mais altos que o encontrado no ambiente.
>
> OPONENTE (*de rosto vermelho e gritando*): EU AINDA DIGO QUE, QUANTO MENOS CHUMBO, MELHOR. ESSE METAL SE ACUMULA NO CÉREBRO E CAUSA DANOS. TODO MUNDO SABE DISSO!
>
> VOCÊ (*racionalmente**): Na verdade, o corpo humano elimina chum-

---

*Falar racionalmente costuma enraivecer o opositor nos debates. Use essa tática com cuidado!

bo de muitas maneiras. Ele geralmente não se acumula. O chumbo sai do corpo pelas fezes (principalmente como resultado de chumbo ingerido na alimentação e que não foi absorvido, mas também é eliminado pela vesícula, com a quebra de hemoglobina que aglutina o chumbo), por meio do suor, de excreções da pele, do cabelo e das unhas, pela urina e pela respiração. Com exceção de momentos de exposição excessiva, o chumbo absorvido é eliminado diariamente.

Quem ganha?

É mais importante que tudo isso soe como verdadeiro do que o fato de ser verdadeiro ou não. (Nesse caso, eu entendo que é verdade. Mas por que acreditar em mim?) Seu oponente certamente não vai saber e pode apenas dizer sem muita convicção: "Chumbo demais faz mal", o que, é claro, nós podemos derrubar como o exemplo de uma tautologia. "Tudo demais faz mal!" (Deixando de lado a famosa opinião contrária de Mae West, que dizia que tudo em excesso era "maravilhoso".)

Tática 3 – *Invente categorias ("o truque dos rótulos")* – Categorizar coisas é uma poderosa ferramenta. Esse é o ponto de vista de Kant também. Ou melhor, essa é a visão do Kant mais velho de *Prolegômenos*, mas não do jovem Kant na *Crítica*. Rotular alguma coisa implica familiaridade com o argumento e que ele não tem originalidade. Oferecer referências espúrias cria uma nuvem de poeira supostamente erudita em torno do assunto, cegando tanto o oponente quanto o público.

Observe, de passagem, que sempre é melhor se referir a coisas como se você presumisse que o público conhece a obra, e então é melhor dizer "a *Kritik*" em vez de "seu grande trabalho, a *Crítica da razão pura*". Dessa forma, você subjuga as pessoas para que elas não digam: "Do que você está falando?", o que poderia expô-lo a acusações de estar falando bobagem.

Uma variação popular da rotulagem é associar o ponto de vista do oponente ao de um "grupo impopular". Você pode dizer, por exemplo: "Sim, esta era a opinião também da Igreja Católica/dos evangélicos/dos nazistas..."

Essa estratégia serve para desacreditar o argumento mais uma vez, sem qualquer razoabilidade.

> ## Wikijargão
> Aquela grande câmera de debate público, a Wikipedia, dá excelentes exemplos do "truque dos rótulos", usando novos termos especiais inventados pelos "wikipedianos". Pontos de vista sobre os quais uma pessoa não concorda são qualificados como POV* – o que significa um "ponto de vista pessoal" e, portanto, não neutro (como os deles, é claro). Debates sobre coisas como as colocações de Kant na *Crítica* podem rapidamente ser levados ao fim sob a alegação de que a visão do oponente é um "vandalismo". O dissidente será "bloqueado" e suas opiniões serão omitidas, o que é o jargão da Wikipedia para "deletadas". Ah, se *todos* os debates pudessem ser controlados com tanta eficiência!

Tática 4 – *Apele para o autointeresse* – Muitas vezes o modo mais simples de vencer uma discussão é apelar para o autointeresse de seu oponente ou do público. Se alguém disser que carros são ruins para o meio ambiente, aponte como seria difícil ir sem eles a um piquenique na montanha ou àquela praia deserta aonde ninguém vai!

---

*Em inglês, *point of view*.

SEMANA 4

Economize seu tempo – pule o restante da discussão!

Tolstói uma vez observou que "a maioria dos homens, incluindo aqueles que têm facilidade com problemas da maior complexidade, raramente podem aceitar mesmo a mais simples e óbvia verdade, se ela os obrigar a falsificar as conclusões que eles se deliciam em explicar... aos outros", argumentos que "teceram linha por linha no tecido de suas vidas".

Tática 5 – *Humpty-Dumptying:** – *Confunda e assombre o público com afirmações sem sentido.* – Assombrar o público funciona, já que geralmente as pessoas acreditam que o que você diz faz sentido – e que, se elas não acompanharam, é porque perderam um pedaço (não prestaram atenção) ou são simplesmente intelectualmente inferiores. Em qualquer dos casos, devem permanecer em silêncio e lhe conceder a vantagem.

Vitória!

É por isso que as pessoas leem livros de filosofia? Bem, certamente existe todo um ramo da filosofia devotado ao estudo dessa tática, que podemos chamar de "pós-racionalismo". Ele abrange o pós-modernismo, a teoria crítica, o pós-estruturalismo e assim por diante, todos nomes inventados para nada mais que brincar com as palavras. Eles são muito, muito chatos. Pegue, por exemplo, o trabalho de um de seus maiores expoentes, Gilles Deleuze (de quem obtivemos a palavra "desilusão"... ou pelo menos deveríamos obter). "Em primeiro lugar", Deleuze começa,

---

*Humpty Dumpty foi aquele que falou, de sua elevada e efêmera posição sobre o muro, que as palavras poderiam significar o que ele escolhesse que deviam significar.

SEMANA 4

> Singularidades-eventos correspondem a séries heterogêneas que são organizadas em um sistema que não é estável nem instável, mas sim metaestável, dotado de uma energia potencial na qual as diferenças entre as séries são distribuídas.[13]

Ele continua, se você quiser mais (o que não é necessário):

> Em segundo lugar, as singularidades possuem um processo de autounificação, sempre móvel e desalojado até que um elemento paradoxal atravesse a série e a faça ressoar, envolvendo os pontos singulares correspondentes em um único ponto aleatório e todas as emissões, todos os dados jogados, em um único molde.

Como disse o jornalista Francis Wheen, comentando sobre essa peça de prosa diáfana, "pode-se olhar esse parágrafo por horas sem que ele acrescente nada". Ainda assim, ele também nota, Deleuze é um filósofo altamente respeitado, saudado por seu colega francês Michel Foucault como "um dos maiores entre os grandes". Foucault chegou mesmo a prever que "algum dia, o século será deleuziano". Essa é uma grande bobagem.

Tática 6 – *Diga simplesmente o oposto* – Outra grande tática, muito usada tanto na vida doméstica quanto no debate filosófico, é simplesmente dizer o oposto de qualquer coisa que seu oponente (parceiro/pai/filho) diz. Há mesmo um nome especial para isso, a "negação do antecedente", embora, estritamente falando, essa expressão se aplique a algo completamente diferente em lógica. De qualquer forma, todos conhecemos pessoas que usam essa tática, e há três respostas possíveis:

---

[13] *Lógica do sentido*, 2004.

SEMANA 4

1 Repita simplesmente sua opinião até que eles cansem de ouvir e desistam. (Isso pode nunca acontecer.)
2 Elabore sua opinião em termos ambíguos, para que seu oponente não consiga dizer o que você pensa e, portanto, não consiga simplesmente adotar a posição oposta.
3 Melhor que tudo, insinue que você pensa uma coisa quando na realidade pensa o oposto. Se isso funcionar, seu oponente pode emitir sua opinião por você, e você pode abatê-lo concordando com rapidez. "Exatamente!", você diz, incisivo.

Considere, por exemplo, um debate sobre se há mesmo uma diferença entre "certo" e "errado". Suponha que digamos que existe e alguém insista no contrário. A discussão pode ser assim:

VOCÊ: A civilização é baseada no reconhecimento coletivo da diferença entre certo e errado.

OPONENTE: Não há diferença ente certo e errado, uma vez que tais julgamentos são totalmente subjetivos e "relativos".

VOCÊ (*imediatamente jogando a "carta nazista"*): Então você acha que não há uma diferença entre Hitler e as pessoas que ele colocou em campos de concentração?

OPONENTE (*que esperava isso*): Não! De jeito nenhum! Do ponto de vista dos nazistas, aqueles colocados em campos de concentração eram pessoas que tinham cometido crimes. Ora, mesmo no bunker, nos últimos dias do Reich, a sra. Goebbels escreveu comovidamente a seu filho sobre os altos padrões éticos de seu marido e de Hitler! "Nossa ideia gloriosa está em ruínas e, com ela, tudo o que eu sabia em minha vida que era belo, nobre e bom."[*]

---

[*] Uma boa citação muitas vezes vale seu peso em ouro (e quanto pesa uma citação? Nada!), mas a maioria de nós não consegue lembrá-las. Vale a pena ser inescrupuloso ao preencher esses infelizes intervalos da memória para emitir uma opinião de forma mais satisfatória. Mas essa eu chequei e, acho, calha de estar correta.

SEMANA 4

Bom, se nosso oponente parece vencer, emitindo opiniões mais interessantes que as nossas, tentemos ser mais ladinos. A ambiguidade é o modo mais rápido de fazer o oponente tropeçar...

> VOCÊ: Muito bem. Então você diria que os campos de concentração nazistas não suscitam questões morais?
> OPONENTE: Eu... hã.... não exatamente...

Xeque-mate!

Usar essa tática é como dizer: "Não, de jeito nenhum. Os campos de concentração levantam questões éticas." Embora seja uma coisa instintivamente tentadora para o oponente, isso claramente não é para nos contradizer, mas para nos permitir concordar com ele! Desastre para o oponente!

Por outro lado, responder "Sim. Os campos de concentração não suscitam questões éticas" desafia o sentimento comum de que eles suscitam, mesmo que, como diz nosso oponente, não esteja nada claro que os próprios nazistas acharam que eles eram "um mal". Isso deixa o oponente em um campo tão difícil de defender que nós podemos simplesmente abandonar a questão, dizendo superiormente: "Bem, se esta é sua posição, eu não pretendo perder mais tempo discutindo."

Note que nada disso avança o debate. Mas lembre-se de que, como disse Schopenhauer, demonstrar opiniões não é o objetivo. O objetivo é a vitória!

dia 27

Mensagens subliminares

De fato, nos anos 1950, o poder das mensagens subliminares parecia ser tão grande, e sua invasividade tão daninha, que os consumidores se rebelaram. A revista *New Yorker* protestou que "mentes estavam sendo danificadas e invadidas", enquanto o normalmente comedido *Neewsday* se referiu à geringonça que Vicary usou (e vendeu) para utilizar mensagens subliminares em filmes como "a invenção mais alarmante desde a bomba atômica", uma afirmativa que indicava certamente que mentes já haviam sido invadidas e danificadas...

Surpreende pouco, portanto, as duas tentativas no Congresso de proibir a técnica de marketing. Ambas fracassaram, sem dúvida por conta de técnicas de marketing sofisticadas, ou pode ter sido porque Vicary provou ser incapaz de "replicar" ou mesmo substanciar seu enorme sucesso anterior (levantando suspeitas de que ele teria inventado a história toda). Seja como for, em 1973, a publicação de um novo livro alarmista, *Subliminal Seduction*, de Wilson B. Key, identificou montanhas de anúncios com mensagens subliminares e símbolos secretos escondidos – incluindo o exemplo notório da palavra "S-E-X", soletrada nos cubos de gelo de um anúncio de uísque. Isso mostrava um progresso no pensamento sobre apelos ao subconsciente, que agora se centravam mais em questões freudianas, não "reptilianas". O desvirtuamento obrigou a estrepitosa Comissão Federal de Comunicações dos Estados Unidos a finalmente agir. Em 1974, ela divulgou uma diretriz dizendo que técnicas de "percepção subliminar" eram "contra o interesse público" e estavam banidas do rádio e da televisão.

Isso deixou anunciantes e marqueteiros apenas com todos os outros métodos de influenciar a opinião pública...

(manhã) dia 28

O poder da oração

A oração é um tipo especial de pensamento – uma tentativa mesmo de projetar nossos pensamentos. Mas orações podem afetar eventos? Pode a mente afetar a matéria, apesar de não haver um aparente mecanismo causal?

Herbert Benson, do Mind/Body Medical Institute, de Boston, conduziu um experimento prático para solucionar a questão. Sua ideia foi a de ver se pessoas que oram tinham o poder de curar doentes. Benson parece ter tido enorme empatia com a ideia de que elas podiam, e assim seu experimento deveria ser visto como uma tentativa de demonstrar que sim. Para começar, ele dividiu cerca de dois mil pacientes que se recuperavam de cirurgias importantes em três grupos. Foram feitas orações para dois desses grupos, mas não para o terceiro. Saber que estão rezando por você pode naturalmente afetar os resultados, e ele se certificou de que um dos grupos recebia orações e não sabia, outro recebia e sabia, e outro não recebia e não sabia. Ele deixou de incluir um grupo de pacientes que não recebiam orações mas também sabiam, o que poderia ter completado o conjunto de possibilidades. Mas eu suponho que pacientes na ausência de Benson e sua equipe estejam nessa posição.

Enquanto isso, as congregações de três igrejas cristãs receberam listas de pacientes, apenas com seus primeiros nomes mais a primeira letra dos sobrenomes, para que se mantivessem anônimos. Pediu-se a eles que fizessem esta curta oração para cada pessoa da lista: "Por uma cirurgia de sucesso, com uma rápida recuperação da saúde, sem complicações."

Esse foi o experimento. E os resultados?

Na verdade, o experimento não mostrou qualquer diferença entre a recuperação dos pacientes para os quais se rezou e para aqueles que não foram objetos de oração. Curiosamente, porém, aqueles que sabiam que eram alvos de rezas... se deram muito pior.

(tarde) dia 28

Reze por boas colheitas

Variações desse experimento foram realizadas por muitos pesquisadores, a maioria dos quais, deve-se reconhecer, fanáticos religiosos. Mas há muitos outros tipos de excêntricos também. De qualquer forma, parece haver algum tipo de efeito "além da probabilidade estatística". (Vá às notas em "Reflexões", Dia 3, para ver o que as pessoas pensam *disso*.)

Em um livro chamado *Psychological Perspectives on Prayer*, de 2001, Leslie John Francis e Jeff Astley catalogam cuidadosamente numerosos exemplos de plantas que receberam orações regulares vicejarem, brotarem e darem frutos antes daquelas para as quais não se rezou. Um experimento envolveu plantar 46 sementes de milho em uma larga bandeja – metade de um lado, metade do outro. As sementes do lado esquerdo receberam orações todo dia durante uma semana. No fim desse tempo, o pesquisador relatou "16 pequeninas sementes brotando do lado positivo", e do lado negativo "apenas uma". Esta, provavelmente, estava na fronteira, mas tal detalhe importante não foi registrado.

Outro experimento incluiu o cultivo de três plantas em três pequenos vasos. Um recebeu orações regularmente, o segundo foi cuidado de forma material, mas não espiritual, e o infeliz terceiro recebeu apenas orações negativas – nas quais se pedia que a planta não crescesse.

Um certo senhor Erwin Prust, de Pasadena, Califórnia, escolheu três mudas de hera e, depois de cinco semanas de oração, descobriu que as plantas que receberam orações e as "plantas ignoradas" cresceram muito bem, mas que aquelas que haviam recebido as orações negativas "estavam agora totalmente mortas". *Assustador ou não?*

Mas como fazer orações negativas? Uma técnica descrita no livro é chamar as sementes de "comunistas". Com essa rude avaliação política, as sementes "pareceram se dobrar e contrair sob o poder negativo espargido sobre elas", como era de se esperar.

Mas havia mais provas. Uma amostra maior envolveu seis equipes de "rezadores" e 72 sementes, todas usando o mesmo procedimento (três potes, um com rezas positivas, um com negativas e outro, o "controle", sem rezas), mostrando mais uma vez que as rezas negativas tinham algum tipo de efeito (embora dessa vez se tenha especificado que em torno de meros 10,95 por cento).

Um famoso — ainda que não bem documentado — exemplo do poder da mente sobre as plantas é descrito na Bíblia. Ocorreu quando um irado Jesus se deparou com uma figueira que não tinha os frutos que ele achava que deveria ter. Atipicamente, ele a amaldiçoou, e em "questão de horas" ela mirrou desde a raiz. O confiável observador São Marcos relata tudo isso. O verdadeiro profeta das rezas para plantas é, no entanto, indiscutivelmente o reverendo Franklin Loehr, cujo livro *The Power of Prayer on Plants* (publicado pela primeira vez em 1959) é uma espécie de minibíblia em si mesmo. Ele fez nada menos que 700 experimentos envolvendo 150 rezadores que fizeram 100 mil medições de 27 mil sementes — um campo inteiro cheio! Ele descobriu que as plantas para as quais se rezava não apenas se davam melhor que aquelas que recebiam pensamentos negativos, como também prevaleciam sobre aquelas deixadas à própria sorte. Eles rezaram para que elas germinassem mais rápido, crescessem melhor e tivessem mais resistência a insetos. Esse trabalho importante naturalmente gerou estudos posteriores, e desde

1960 foram publicados centenas de estudos ditos científicos envolvendo não apenas plantas, mas camundongos, glóbulos sanguíneos vermelhos, fermento e até bactérias, além de um ou dois envolvendo humanos. Mas, desafortunadamente, enquanto os cientistas religiosos foram facilmente persuadidos dos resultados, uns poucos outros se dispuseram a aceitar que os estudos na verdade não tinham provado nada – a não ser a credulidade do homem.

dia 29

O horror e a beleza, ou vice-versa

Visões de Hildegarda

Apesar de seu sucesso inicial com a vaca, no entanto, a própria Hildegarda tornou-se insegura de quanto deveria levar a sério suas visões. Elas eram acompanhadas frequentemente por desmaios, e por vezes ela experimentava a perda total do sentimento normal: "Eu não me conheço, seja de corpo ou mente. E me considero como nada. Eu estico os braços para Deus e entrego tudo ao Divino."

Embora estivesse certa de que elas *deviam* ser mensagens de Deus, Hildegarda optou por manter os detalhes para si mesma. Porém mais tarde, depois de ficar cada vez mais doente, decidiu que Deus estava zangado com ela por não haver comunicado as mensagens Dele a outros. Daí em diante, Hildegarda explica, "eu as escrevi porque uma voz celestial ficava me dizendo 'Veja e fale! Ouça e escreva!'". Mesmo depois de as visões serem descritas em seus mínimos detalhes, na forma de manuscritos iluminados ou composições musicais – música etérea nas quais "vozes em eco sobem e descem nas escalas como anjos cantando em pleno voo", como escreveu entusiasticamente Paul Harrison, um recente comentarista de sua obra.

SEMANA 4

Nos manuscritos, imagens delicadas ilustram as visões, e Hildegarda retrata a si mesma como uma pequena figura sentada com uma lousa ou um livro aberto, mirando para o alto, para enormes mandalas simbólicas dos processos cósmicos, cheias de anjos, demônios, ventos e estrelas. As palavras de Deus são registradas em latim, que aparentemente era a linguagem favorita de Deus na época. Em um dos manuscritos, Deus explica a criação em termos de energias místicas:

> Eu, o mais alto e ardente poder, acendi cada chama da vida... Eu, a vida ardente de divina essência, que sou chamejante para além da beleza das campinas, olho para as águas e queimo no sol, na lua e nas estrelas. A cada brisa, como a vida invisível que contém tudo, desperto tudo o que é vivo. O ar vive se esverdeando e florescendo. As águas fluem como se estivessem vivas. O sol vive em sua luz, e a lua é iluminada depois do seu desaparecimento mais uma vez pela luz do sol, para que a lua renasça... E assim eu permaneço oculto em todo tipo de realidade como um poder ardente. Tudo arde por minha causa, da forma que nosso respirar constantemente nos move, *como a chama soprada pelo vento num incêndio*.[14]

Tais mensagens eram frequentemente acompanhadas por uma luz brilhante – mais que uma nuvem revelando o sol. Dentro dessa luz encontrava-se às vezes uma *ainda mais brilhante*, que Hildegarda chamava de "a luz viva" e que a afastava de toda tristeza e ansiedade.

Por outro lado, descrevendo outra visão, ela diz:

> Vi uma grande estrela muito esplêndida e bela, e com ela uma multidão de estrelas cadentes que com ela seguia para o sul... E subitamente todas foram aniquiladas, virando carvões negros... e jogadas em um abismo para que eu não pudesse mais vê-las.

---

[14] Hildegarda de Bingen, *Symphonia armoniae celestium revelationum*, meados do século XII.

Isso ela interpreta como a "Queda dos Anjos". No entanto, há outras explicações possíveis. Recentemente, comentaristas com mentes mais científicas, como o próprio Sacks, interpretaram isso como um ataque de enxaqueca ou um "escotoma negativo", um distúrbio no processamento visual do cérebro. Pelo menos Sacks não é totalmente incrédulo. Ele diz, em vez disso, como um infortúnio psicológico pode ser percebido por alguns sofredores como uma espécie de dom. Sacks lembra também que Dostoiévski sofria de ataques de epilepsia, durante os quais sentia estar brevemente em contato com a "harmonia eterna", acrescentando:

> uma coisa terrível é a clareza assustadora com a qual ela se manifesta e o êxtase que te preenche. A alma não suportaria se tal estado durasse mais que cinco segundos, e teria de desaparecer. Durante aqueles cinco segundos, eu vivo toda uma existência humana, e por isso eu daria toda minha vida, sem achar que estaria pagando muito caro.

Em certo sentido, mundos oníricos como esse são também "experimentos com o pensamento", ainda que caracterizados como um displicente descaso pelas regras usuais do pensamento, apropriando-se em vez disso de poesia e metáforas. Mas isso ainda deixa de lado as explicações místicas e religiosas mais interessantes.

Visões do horror

Os sonhos de Jung compõem uma visão interessante e revigorantemente diferente daquela de Hildegarda. Mas poderiam ter sido apenas seu subconsciente elaborando preocupações cotidianas, talvez coisas gerais – o começo de um novo trabalho, por exemplo – ou mais específicas – como a pesquisa que o afastava da abordagem de Freud sobre o entendimento do funcionamento da mente humana?

Bem, talvez. Porque, é claro, é fácil rejeitar sonhos ou mesmo visões como representações aleatórias de emoções ou sentimentos.

E de início, Jung estava mais preocupado que suas visões prenunciassem a chegada da psicose, seja lá o que isso for (é necessário um psicanalista para descobrir). Mais tarde, depois de uma reflexão, e após observar eventos mundiais se desenrolarem rapidamente, ele veio a acreditar que seus sonhos haviam sido uma visão de advertência da chegada da guerra mundial, que começaria mesmo em agosto de 1914.

Mas, infelizmente, ele nunca conseguiu persuadir alguém a fazer qualquer coisa a respeito.

dia 30

Coisas estranhas

Talvez alguém tenha mencionado à senhorita Telbin o que estava na carta que sir William observara antes, naquele dia.

Não! Com toda a firmeza de um cavalheiro do reino, sir William acrescenta que qualquer explicação de que o resultado tenha "vindo da maquinação entre as pessoas do experimento" não podia obviamente ser considerada, nem por ele mesmo, que era um dos pesquisadores.

Pode parecer improvável, na clara luz do dia, que qualquer um pudesse influenciar eventos da vida real apenas por puro pensamento ou por meio de um intermediário (Deus), ou ainda diretamente pelos mistérios da mente.

Mas ainda parece possível que os poderes da mente possam se estender um pouco além dos monótonos rearranjos da química cerebral, como os cientistas (e a maior parte dos filósofos contemporâneos) insistem que aconteça. O antigo filósofo grego Demócrito estabeleceu uma versão primeira da teoria das ondas e dos corpúsculos para explicar como a transferência mental poderia funcionar.

Ainda que tenhamos de relutantemente descartar efeitos físicos, não pode haver transferência de pensamento? Não pode haver, por exemplo, alguma forma de comunicação possível por meios "presentemente desconhecidos", como a telepatia?

Não parece ser demais perguntar. Afinal de contas, encontramos frequentes referências em escritos antigos e no folclore oral e, em muitas sociedades tradicionais, como a dos aborígines da Austrália, ela é aceita como uma faculdade humana. Além disso, a telepatia tem um longo *pedigree* filosófico. Para Tomás de Aquino e outros, a comunicação se dá entre mentes, e foi somente depois da desafortunada mordida na maçã no Jardim do Éden que fomos reduzidos à mera comunicação corporal.

Com a ciência de volta à moda no século XIX, o químico e físico britânico William Crookes sugeriu que a telepatia podia funcionar através de ondas cerebrais como as do rádio. Na América, o psicólogo e filósofo William James estava também muito entusiasmado com a possibilidade da telepatia e encorajou mais pesquisas sobre ela. No começo do século XX, o cientista soviético L. L. Vasilies revelou uma nova e mais sofisticada teoria eletromagnética.

Sigmund Freud não tinha qualquer interesse nos mecanismos, mas observou o fenômeno tantas vezes que sentiu que não podia ignorá-lo em seus escritos sobre psicologia. Ele disse que era uma faculdade regressiva e primitiva que havia se perdido no curso da evolução, mas que ainda tinha a capacidade de se manifestar sob certas condições. Carl Jung, seu rival, achou que fosse mais importante. Ele a considerava uma função da sincronicidade, aquele estranho mecanismo "não causal" em que eventos são significativamente ligados.

Telepatia atômica

Uma das objeções menores à telepatia é que ela parece ofender as leis da física, por envolver comunicação instantânea em longas distâncias. O gêmeo um na Austrália pode saber instantaneamente o que há de errado com o gêmeo dois em Londres – e o mínimo problema é a velocidade na qual isso ocorre. Mas antes que admitamos modestamente que a telepatia humana apenas parece instantânea, sendo que na verdade envolve o característico ligeiro atraso em respeito às leis da física, devemos notar que, em anos recentes, físicos, e não apenas parapsicólogos, fizeram experimentos que mostram que, em certas circunstâncias, a comunicação é possível em velocidades acima daquela da luz. De fato, parece que a comunicação instantânea é possível.

Um modo de detectar a comunicação mais veloz que a luz, para não dizer instantânea, entre vários pedaços de um átomo, foi proposto nos anos 1960 por John Bell, um dos fundadores do CERN, o estupendamente caro laboratório europeu para o estudo físico de partículas. Levou duas décadas e muito dinheiro para que Alain Aspect usasse o divisor de átomos para demonstrar que, quando dois fótons são ejetados em direções opostas de um único átomo, eles permanecem para sempre "gêmeos", ou "emaranhados", como os físicos preferem dizer, e, enquanto um gira para um lado, o segundo gira para outro. Mude o estado do primeiro e o segundo, instantaneamente, mudará também, como se fossem uma entidade única.

Mais tarde, experiências pareceram ter descoberto que matéria com origens completamente diferentes (até onde se sabia) também podem ser "emaranhadas" do mesmo jeito. Isso faz mais sentido quando se lembra de que todos os átomos são feitos de partículas invisíveis como ondas em um mar de energia. Por causa disso, cientistas respeitáveis agora concordam que nenhum átomo pode ser tratado como uma "ilha" no mar, e menos ainda como um "sistema isolado", deixando aberta a possibilidade de comunicação instantânea.

Métodos mais fáceis de telepatia

Muitos dos mais impressionantes feitos de telepatia podem ser, e muitas vezes são, produzidos por truques. Ao ler mentes, enviar mensagens através de paredes e prever eventos futuros, os mágicos profissionais frequentemente são especialistas nestas e em outras habilidades enigmáticas. Para eles, toda leitura da mente requer uma boa memória e a capacidade de pensar rápido – e muitas horas de ensaio...

O experimento: *Enviando uma mensagem mental de uma carta de jogo para outra pessoa em local remoto* – Trata-se de uma das mais simples e impressionantes ilustrações de leitura de mente. Eis como fazer.

Primeiro, junte um grupo de pessoas dispostas a se impressionar com sua nova habilidade. Depois, passe um baralho a elas pedindo que selecionem uma carta, qualquer uma, com a qual todos concordam. Essa carta será aquela cuja imagem será transmitida telepaticamente. Tendo selecionado a carta (sem dúvida com muita suspeita), as pessoas a passam a você para que a examine cuidadosamente. Depois de alguns segundos, você tenta projetar a imagem da carta para um amigo seu com quem, como você explica, teve excelentes resultados anteriores com telepatia. Deixe passar alguns segundos para que a imagem não apenas seja enviada, mas "fixada" na mente de seu amigo, e então anuncie que conseguiu com sucesso transmitir a imagem da carta para ele. Como o grupo está ainda bastante cético, dê a eles o nome e o número de telefone de seu amigo, para que eles possam ligar e checar.

Eis o que acontece. (*Segredo*: A carta nesse caso era o quatro de espadas.)

>Ring, ring...
>VOZ: Alô?
>PESSOAS: É o doutor Evans?
>VOZ: Sim, é ele. E vocês por acaso estão ligando sobre uma certa carta, cuja imagem acaba de ser enviada para minha mente?
>PESSOAS: Extraordinário! É exatamente isso! Você pode por favor dizer qual era a carta?
>VOZ: Claro. Eu recebi uma imagem mental muito nítida de *um quatro de espadas*.

Como foi que isso aconteceu?

Isso realmente funciona se você acredita na possibilidade da transferência de imagens mentais. Ou mesmo que não acredite. Porque, como a maioria dos truques mágicos profissionais, envolve um gesto muito sutil de mão. Nesse caso, embora o número do telefone de seu amigo telepático seja uma constante, o nome que você dá muda para indicar o número da carta e seu naipe. A primeira letra do nome pode indicar o "número" ("E" corresponde a "5"), e o "título" conferido a seu amigo pode indicar o naipe (aqui, foi previamente combinado que o uso de "doutor" indicaria uma carta do naipe de espadas). De formas simples assim, as mensagens podem ser enviadas bem debaixo do nariz dos investigadores mais alertas!

O telefone mágico

Parece difícil imaginar agora, mas houve um tempo em que a capacidade de falar com pessoas a grandes distâncias por meio da mágica invisível do telefone era tão difícil de aceitar quanto o tipo de comunicação que os telepatas alegam fazer.

Quando o famoso físico professor Tait ouviu falar da invenção do telefone, que chegou a ele aparentemente por código Morse em um telégrafo elétrico, em si mesmo um método ridículo e implausível, perguntaram-lhe o que achava. Ele respondeu: "É tudo uma baboseira, tal descoberta é fisicamente impossível."

Perguntado sobre como era possível que muitas testemunhas respeitáveis houvessem afirmado ter ouvido fala transmitida por muitas milhas por esse novo mecanismo, Tait respondeu que fora "provavelmente um caso de condução do som por fios compridos esticados" (como no caso das crianças que conectam duas latas usando um pedaço de barbante). O professor continuou rejeitando a máquina mesmo depois de o telefone ser formalmente demonstrado na British Science Association por Lorde Kelvin, e seus argumentos persuadiram muitos outros a fazerem acusações de fraude. Quando Edison exibiu o novo "fonógrafo" em Paris, foi também acusado de esconder um ventríloquo em algum lugar da sala e usá-lo para emitir vozes "aparentemente" da complicada geringonça.

O método estúpido

O experimento: *Conhecer a resposta para questões seladas* — Mais uma vez, é necessário um grupo de céticos. Peça a todos que escrevam uma pergunta para você em um pedaço de papel. (Forneça lápis e papel.) Então, elas devem dobrar o papel e selá-lo com um grampeador, a fim de evitar que você olhe as questões.

Para demonstrar o que você pretende, escreva uma canção para si mesmo, dobre o papel e feche com um grampo.

Depois de ter coletado as questões, embaralhe-as um pouco e depois pegue uma ao acaso. Erga a questão selada para o lado da cabeça, numa postura de parapsicólogo... enquanto tenta "ler a mente" para ver o que ela diz. Depois, com lentidão e grande esforço (porque ler mentes é difícil e cansativo), anuncie a resposta para a questão ainda selada.

Eis o que pode acontecer se houver quatro pessoas no grupo e cinco questões. Primeiro, segure o pedaço de papel na altura da cabeça e deixe que a questão entre misteriosamente em sua mente. Depois pronuncie: "Pela minha percepção extrassensorial..."

Agora abra o papel e leia a questão que, inevitavelmente (dados seus poderes), calha de ser a sua própria: "Como você consegue ler questões seladas?" Depois, dobre o papel de novo, coloque-o em uma pilha separada e escolha a próxima questão. Repita o procedimento enganoso e então anuncie a próxima resposta: "Paris."

Isso impressiona mais, uma vez que não era sua própria questão. Repita o ritual desdobrando o papel e lendo a questão, que é: "Qual é a capital da França"? Dobre o papel de novo e coloque-o na pilha.

Levante outro pedaço de papel e diga lentamente: "Milu."

Dessa vez, a pergunta era: "Qual é o nome do cachorro de Tintin?"

Depois, de forma semelhante, vem a resposta curta, "64", para a pergunta "quanto é 4 ao cubo?" (Alguém sempre faz uma pergunta matemática.) A última resposta é "torta de ruibarbo" para a pergunta "o que há para o almoço?" – uma coisa comum e confiável

SEMANA 4

para alguém que não está levando as coisas muito a sério. É um feito extraordinário, e você deve passar os pedaços de papel de volta para o grupo para que eles chequem que aquelas eram as questões e que não houve truque.

Mas o que o método estúpido prova?

Estar "um passo à frente" é um truque útil não apenas para pesquisadores de física, mas também para as pessoas em geral (pergunte a algum investidor sobre as vantagens que isso oferece). O truque aqui é mais uma vez muito simples. Embora você pareça ter escolhido sua pergunta primeiro, você de fato assegurou que não (talvez grampeando-a de forma diferente) e, portanto, quando leu o primeiro pedaço de papel, estava lendo uma questão "genuína". Isso o deixa à frente do grupo. Você anota essa questão mentalmente, mas lê a sua memória. Da próxima vez que erguer o pedaço de papel até sua cabeça, você sabe uma questão real que precisa de resposta, embora não haja meio de você saber o que está no papel. Por outro lado, os outros também não sabem.

Mais códigos (outro truque esperto para o uso de códigos para transmitir informações secretamente)

O experimento: *Demonstre como enviar uma única informação para um recém-treinado telepata fora da sala* – Para isso, você precisa de três objetos (três animais de brinquedo podem servir bem) e um voluntário (adequadamente cooperativo) para ser o "receptor" de sua mensagem telepática. Explique que a telepatia pode ser ensinada e que você irá rapidamente partilhar seu conhecimento com ele. Depois leve as outras pessoas para fora da sala e peça que esperem. Você também pode lhes explicar brevemente a "técnica".

Voltando à sala, peça a uma das pessoas que arranje os três animais em uma linha na mesa e selecione um deles. Eles podem ser, por exemplo, uma girafa de madeira, um porco de porcelana e um cachorro de pelúcia, nessa ordem. (*Segredo*: Dessa vez, o grupo seleciona o porco de porcelana no meio.) Você então olha fixamente para cada um dos animais e transmite a imagem do porco para o "receptor", que aguarda fora da sala. O teste é identificar corretamente esse animal entre os três.

Se a sala tiver duas portas, é interessante agora se oferecer para sair dela. Se não, provavelmente bastará ficar ostensivamente de cara para a parede. Seja como for, você irá concordar com as exigências do grupo, que vai querer se certificar de que você não está fisicamente dando qualquer dica sobre a identidade do objeto escolhido. Mas pouco antes de deixar a sala, ou, sei lá, de olhar para a parede, você chama o receptor de volta.

Eis o que pode acontecer.

"Tudo bem, pode voltar!"

Você sai da sala. O receptor entra. Os três animais ficam lá, impassíveis. O "chefe" do grupo então diz: "Qual animal selecionamos?" O receptor imediatamente nomeia, ou mostra, ou as duas coisas!, *o porco de porcelana no meio*.

Esse feito pode ser repetido (com o grupo tentando opções diferentes em esforços para eliminar o truque) até que todos fiquem entediados.

Mas há uma lição aí.

O segredo está no modo como você chama seu receptor, mas ninguém vai saber. Quando deixou a sala pela primeira vez, você explicou rapidamente a ele que iria chamar as pessoas de uma maneira específica. Se você dissesse "OK" era o objeto à esquerda. Se dissesse "tudo bem", era o do meio. E se fosse o da direita, você diria "certo". O segredo está na posição da letra "o": em "OK", está à esquerda; em "tudo bem", está no meio; e em "certo" está à direita. Como todas são palavras naturais para você usar ao chamar as pessoas de volta, ninguém deve suspeitar de nada. Ou melhor, vão suspeitar de tudo, mas isso vai dar na mesma. O truque real não é detectado.

Nesse caso, a informação significativa é parte do ruído cotidiano que nos inclinamos a filtrar para fora de nossa percepção. Essa é em si mesma uma lição.*

dia 31

Manipulando as mentes na fazenda

A mensagem de *A revolução dos bichos*, facilmente decodificada, é: capitalistas são ruins, embora o carneiro tenha dito assim: "Quatro pernas, bom; duas pernas, ruim! Quatro pernas, bom; duas pernas, ruiiiiiim!"

As coisas se tornam mais complicadas, no entanto, quando, com o tempo, os porcos passam a dominar a fazenda, mudando-se para a casa do velho fazendeiro, comendo em sua mesa e até andando sobre as patas traseiras! E, não esqueçamos, alterando sub-repticiamente os princípios fundadores que haviam sido pintados no lado do celeiro. O Mandamento Sete agora diz: "Todos os animais são iguais, mas uns são mais iguais que os outros." Vendo isso, o carneiro começa a balir: "Quatro patas, bom; duas patas, melhor! Quatro patas, bom; duas patas, melhooooor!"

Ao fim do livro, quando os animais veem através da janela os porcos tirânicos, agora plenamente instalados na casa da fazenda,

---

* Essas impressionantes técnicas foram adaptadas de *EveryBody's Book of Magic*. de Barry Robbin (London and Letehworth, 2008).

jantando e jogando cartas com os fazendeiros vizinhos, percebem que é "impossível dizer quem é quem". A mensagem final de Orwell é: trabalhadores são bons e capitalistas e comunistas, igualmente ruins.

A CIA gostou dessa visão sombria do comunismo, claro, mas nem tanto da equação de Orwell sobre a exploração comunista e capitalista. Tudo o que ela precisava era "apertar o botão certo", aquela pequena distorção na trama...

Passemos para a versão da CIA de 1984. Nesta, mesmo quando Winston e sua amante Julia são baleados, ele grita desafiadoramente: "Abaixo o Grande Irmão!" Sem querermos ser explicitamente políticos, acho que podemos concordar que esse tipo de manipulação é muito, muito ruim. Mas o que dizer da *arte* da CIA? Talvez seja, surpreendemente, bem boa – ou pelo menos inovadora.

A teoria era que, já que os comunistas favoreciam o compromisso político, o realismo, a melodia e a representação, os "anticomunistas" deveriam favorecer a dissonante música atonal e o expressionismo abstrato. Insultando o gosto público existente, floresceram concertos e exposições de artistas da mais inacessível, antipopulista e anticomercial *avant-garde*. Os radicais foram empregados para representar os reacionários.

Afinal de contas, paradoxalmente, como disse um comentarista, com os dólares da CIA havia a liberdade para ser livre e fazer *tudo*, exceto, talvez, criticar a "liberdade".

Isso apenas deixou os intelectuais ainda pensando livremente, para não dizer radicalmente. Havia pessoas, como Jean-Paul Sartre e Simone de Beauvoir, por exemplo, abertamente adotando a causa da política radical na França. Mas havia uma estratégia especial para conquistar intelectuais – a "batalha pela mente de Picasso", como um ex-agente, Thomas Braden, disse em uma entrevista à TV nos anos 1970. Braden era responsável por distribuir dinheiro para o chamado "Congresso pela Liberdade Cultural", mas a maioria das

SEMANA 4

pessoas que o recebia, ele notou, não tinha ideia de que os fundos, e portanto a "direção artística", vinham da CIA. Assim, intelectuais como o filósofo britânico Roger Scruton viriam a ser pontas de lança dos planos contrarrevolucionários da Agência, viajando pela Europa Oriental e distribuindo cópias *samizdat* de suas palestras.

Mas a "mais importante arma de propaganda estratégica" da CIA, como a descreveu um ex-agente do serviço clandestino, não era o jornalismo, nem os sindicatos, e muito menos intelectuais viajantes. Era o modesto livro. Direta ou indiretamente, a CIA publicou ou subsidiou livros sobre todos os assuntos, de safáris africanos e vida selvagem a traduções de *O príncipe*, de Maquiavel, em suaíli e de trabalhos de T. S. Eliot em russo, até um competidor de o *Pequeno livro vermelho*, de Mao, chamado *Quotations from Chairman Liu*. Não importava para a agência o conteúdo, desde que servisse a alguma função sutil de propaganda. Hoje em dia, as mesmas manipulações estranhas acontecem nos bastidores de entidades como Google ou Wikipédia, na internet.

Embora tenhamos muitas vezes lido (o que indica que deve ser parcialmente verdade) que a missão primária da CIA durante a Guerra Fria era lutar contra o comunismo, o subversivo filósofo e sociolinguista Noam Chomsky assinalou que a prioridade, na verdade, sempre foi a luta contra a democracia. De plantar propaganda e corromper eleições a derrubar governos democráticos, de assassinar líderes eleitos para instalar ditadores assassinos, a CIA invariavelmente se opôs a direitos humanos e justiça social, preferindo em seu lugar ditaduras e a dominação mundial das corporações americanas. A democracia não entrou nisso. A democracia é um incômodo, junto com conceitos como "verdade", "abertura" e imparcialidade".

É por essa razão que, diz Chomsky, a mídia é realmente um mecanismo infiltrador de "controle do pensamento" das massas em favor de uma elite. E que antes de ler um jornal e, principalmente, antes de ver TV, os cidadãos deveriam ter "um curso de autodefesa intelectual para se protegerem da manipulação e do controle".[15]

Que é onde, é claro, este livro se coloca...

---

[15] *Manufacturing Consent*, 1988.

Apêndice
O teste das três linhas

Se algumas pessoas atingem rápido demais um consenso, outras se agarram a opiniões ridículas baseadas em primeiras impressões errôneas.

Pegue, por exemplo, as colunas do diagrama.

Organize as três linhas por ordem de tamanho.

(Resposta: B é a mais longa, A e C são iguais.)

Curiosamente, por causa do arranjo das linhas, algumas pessoas vão achar que a linha C é mais longa que a linha A. Alguns continuarão insistindo muito tempo depois de a ilusão ser revelada!

Fontes e sugestões de leituras adicionais

SEMANA 1

A Semana 1 introduz os temas da consciência, dos símbolos e da mente subconsciente.

Dias 1 e 2 – Paul Brooks levanta essa questão interessante em seu livro *Into the Silent Land: Travels in Neuropsychology* (Londres: Atlantic, 2003); enquanto (Dia 2) o Réptil (Clotaire Rapaille) falava em uma entrevista ao *South Florida Sun-Sentinel*, no dia 25 de março de 2004, e desde então colocou suas ideias em um livro chamado *The Culture Code: An Ingenious Way to Understand Why People Around the World Buy and Live as They Do* (Nova York: Broadway Books, 2007). A discussão dos rituais se estende para a antropologia e a ciência social clássica em livros como *As formas elementares da vida religiosa* (1912), de Émile Durkheim. Os clássicos, com frequência, não são tão intimidantes quando soam como leituras adicionais, e estão invariavelmente disponíveis na internet, em forma adequada a uma rápida olhada.

Dia 3 – A matemática da aleatoriedade é explicada de forma muito pitoresca em *Randomness*, de D. J. Bennett (Cambridge, MA: Harvard University Press, 1999), assim como em muitos outros livros de matemática.

Dia 4 – "Vozes na cabeça", um tema que retorna no fim do mês (dias 20 e 30), nos leva direto para a psicologia, e assim está na hora de tirar a poeira de *A interpretação dos sonhos*, de Freud, de 1900. A coleção de 1997, *Philosophical Essays on Dreaming*, organizada por C. E. M. Dunlop (Ithaca NY: Cornell University Press) é outro trabalho de referência útil.

Dia 5 – "Animais favoritos" parece ser um daqueles jogos infantis que vieram de algum lugar, mas ninguém (inclusive eu) tem certeza de onde, exatamente. No entanto, ele claramente segue o tema do "inconsciente" e do simbolismo (especialmente o simbolismo sexual), e a fonte erudita sobre isso deve ser Freud, com livros como *Totem e tabu* (1913), em *The Standard Edition of the Complete Psychological Works of Sigmund Freud*, organizada por James Strachey, vol. 13 (Londres: The Hogarth Press, 1955).

Dia 6 – Examinar as causas de tendências sociais, nesse caso tendência de todos se sentirem deprimidos e infelizes, é o interesse do subestimado filósofo Émile Durkheim. Seu trabalho clássico *O suicídio: estudo de sociologia* (1897) se interessa pelo que leva pessoas a ficarem deprimidas, e por aquele miserável fenômeno, a anomia, embora a própria palavra pareça ter sido cunhada por outro filósofo francês, Jean-Marie Guyau.

Dia 7 – Nossa "monja amadora" descrevia sua experiência trapista em um artigo do jornal *Le Figaro* de 7 de julho de 2008. Há muitos livros sobre como meditar em silêncio, mas não muita filosofia sobre isso. Mas, se você está contente com a primeira categoria, *Door to Silence: An Anthology for Meditation*, de John Main (Norwich:Canterburry Press, 2006), é um bom começo.

SEMANA 2

A Semana 2 examina algumas das "pesquisas práticas" feitas por filósofos sobre como nossa mente funciona.

Dias 8 e 9 – Piaget descreve suas "experiências com pontinhos" em muitos trabalhos, mas um bom exemplo está em *The Child's Conception of the World* (1929), traduzido para o inglês por Joan e Andrew Tomlingson (Londres: Paladin, 1973). Os relatos "revisionistas" dos docinhos de Piaget vêm de K. Wynn ("Addition and Subtraction by Human Infants", *Nature* 358, p. 740-750), que usou uma série de mudanças de arranjos por trás de uma tela para afligir os bebês, enquanto Stanislas Dehaene pensou em introduzir o ursinho na experiência (*The Number Sense: How the Mind Creates Mathematics*, Oxford: Oxford University Press, 1997). E a teoria aplicada, como se mencionou na seção "Reflexões", é a do behaviorismo, estabelecida em um livro do mesmo nome, de 1925, por seu "inventor" John Watson (Londres: Kegan Paul). Outro trabalho-chave de Piaget é *A linguagem e o pensamento da criança* (São Paulo: Martins Fontes, 1989). Em inglês, *The Language and Thought of the Child* (Londres: Routledge, 2002).

Dia 10 – Dissonância é um conceito da psicologia, e os detalhes do experimento "entediante" estão em um estudo de L. Festinger e J. M. Carlsmith, escrito em 1959: "Cognitive Consequences of Forced Compliance", *Journal of Abnormal and Social Psychology*, 58 (2), 203-210.

Dia 11 – O livro de Oliver Sacks, *O homem que confundiu sua mulher com um chapéu* (São Paulo: Companhia das Letras, 1997). Em inglês, *The Man Who Mistook His Wife for a Hat and Other Clinical Tales* (Londres: Duckworth), citado no texto, é cheio de estranhos casos médicos relacionados a como a memória funciona ou não. Um bom guia de referência sobre a história, a filosofia e a psicologia da memória, com uma interessante perspectiva literária, é *Of Memory: Reminiscence and Writing*, de D. Krell (Bloomington: Indiana University Press, 1990).

Dia 12 – A investigação é sobre administração, e administração trata de habilidades e talentos individuais – uma noção que remonta à *República* de Platão, em que se fala em separar os filósofos do restante de nós, com os filósofos acima, é claro. Há muitos livros sobre esse tópico presumivelmente importante, mas hesito em recomendar qualquer um deles. Eu não tenho competência! Ver Marcus Buckingham e Curt Coffman, *Quebre todas as regras* (Rio de Janeiro: Sextante, 2011). Em inglês, *First Break All the Rules: What the World's Greatest Managers do Differently* (Londres: Simon and Schuster, 2001).

Dia 13 – A sorte não é importante para filósofos – afinal de contas, é irracional. No entanto, "probabilidade" e "acaso" são de grande interesse (enfim, podem ser discutidos com a sintaxe lógica da filosofia, que fora isso não tem uso), e mais uma vez há muitas referências a essas duas coisas em muitos clássicos, como o *Tratado da natureza humana*, de David Hume (1739-40). Mas um bom relato erudito das questões do acaso pode ser encontrado na coleção de estudos editados por D. Kahneman, P. Slovic e A. Tversky chamado *Judgement under Uncertainty: Heuristics and Biases* (Cambridge: Cambridge University Press, 1982). Na discussão específica do "Poder da Parcialidade", me aproveitei do interessante estudo "Partiality in Hume's moral theory", publicado originalmente no *Journal of Value Inquiry* 26 (1992), p. 95-104. Ver também Richard Wiseman, *The Luck Factor* (Londres: Arrow, 2004).

Dia 14 – Devo oferecer alguma ajuda com livros de autoajuda? Ou isso seria um paradoxo? Certamente, tenderia a transformar este em um "livro de autoajuda". Mas para o bem ou para o mal, esses livros são populares, e há pelo menos um texto respeitável, *Self-Help*, de Samuel Smiles, originalmente publicado em 1859 e agora disponível na série Oxford World's Classics (Oxford: Oxford University Press, 2008). Smiles (sorrisos, em inglês), com esse nome tão adequado, tem também uma boa notícia: "O espírito de autoajuda está na raiz de todo crescimento genuíno do indivíduo e, como exibido nas vidas de muitos, constitui a verdadeira fonte do vigor e da força nacionais."

SEMANA 3

A Semana 3 volta um pouco mais "para o mundo", para testar se ele é mesmo como o imaginamos.

Dia 15 – Os óculos do professor Dennett estão entre as mais esquisitas investigações em *Consciousness Explained* (Boston: Little, Brown, 1991). Esse livro apresenta uma teoria da mente de "múltiplos esboços", sugerindo que não há nenhum lugar central único, ou alma, nenhum "teatro cartesiano" em que a experiência da consciência acontece. Em vez disso, "há vários eventos de fixação de conteúdo ocorrendo em lugares distintos e em momentos diversos no cérebro". Mas outros filósofos objetaram que ele erra totalmente o alvo ao redefinir a consciência como uma "propriedade externa" e ao ignorar o importante aspecto subjetivo – ser consciente! Por isso, o livro foi apelidado em círculos filosóficos de "Consciência Ignorada". Hahaha!

Dia 16 – Andar sobre brasas e outros feitos bizarros são a especialidade de Dave Willey, professor de física contemporânea da Universidade de Pittsburgh e adepto da prática, de quem tomei emprestadas as especificações técnicas descritas no jornal *University Times*, da Universidade de Pittsburgh.

Dia 17 – John Horton Conway escreve sobre as regras matemáticas por trás de comportamentos complexos em *On Numbers and Games* (Londres: Academic Press, 1976).

Dia 18 – O fenômeno de coçar o nariz da propriocepção é apenas outro exemplo de "Neurônios-espelho e aprendizado por imitação como mola propulsora por trás do 'grande passo adiante' na evolução humana", como V. S. Ramachandran diz no influente ensaio de mesmo título publicado na revista eletrônica *Edge* (www.edge.org, 1º de junho de 2000). Diversos casos de pacientes sofrendo de problemas de propriocepção são descritos também por Oliver Sacks em *O homem que confundiu sua mulher com um chapéu*. Para o efeito McGurk, ver *Nature* 264 (1976), p. 746-8. Você pode ver o efeito também na web, por exemplo, no YouTube.

Dia 19 – O caminho da costa trata de matemática fractal e de como a complexidade pode surgir de regras simples, além de introduzir o elemento do "caos" da imprevisibilidade. Uma boa introdução para este tópico é *Chaos: Making a New Science*, de James Gleick (Londres: Vintage, 1988). Ver também Dia 25.

Dia 20 – Estar entediado é um fenômeno comum, mas há um interesse muito limitado nisso no campo da filosofia. E por quê? Heidegger, também conhecido como filósofo existencialista, aparentemente fez certa vez uma palestra de cerca de cem páginas sobre o tédio, provavelmente o tratamento filosófico mais entediante do tema! Ele focou em particular no tédio da espera em estações de trem.

Dia 21 – À parte as ideias referenciadas no próprio texto, há uma crítica substancial do conceito da "normalidade" em sociologia, na qual se argumenta que complicadas hierarquias de "normas" ditam nossos cotidianos. Ver, por exemplo, Durkheim, de novo, dessa vez em *As regras do método sociológico* (1895).

SEMANA 4

Finalizamos o mês com algumas leituras pesadas. É isso o que acontece quando você desperta o seu cérebro!

Dia 22 – O problema de Molyneux aparece em *An Essay Concerning Human Understanding*, Livro 2, capítulo 9, de John Locke. "O quarto de Mary" aparece no artigo de Frank Jackson "Epiphenomenal Qualia", em *Philosophical Quarterly*, 32 (1982), 126-136, e foi ampliado no livro *What Mary Didn't Know* (1986), notas do *Journal of Philosophy*, 83 (1986), p. 291-5. E há o livro de Peter Ludlow, Yujin Nagasawa e Daniel Stoljar (orgs.), *There's Something About Mary: Essays on Phenomenal Consciousness and Frank Jackson's Knowledge Argument* (Cambridge, MA: MIT Press, 2004).

Dia 23 – O modo como a mente cria ordem no caos é o tema central tanto da psicologia quanto da filosofia. Um seco relato geral é *Complexity Theory and the Social Sciences*, de David Byrne (Londres: Routledge, 1998), e outro, mais vivo, *Deep Simplicity: Chaos, Complexity and the Emergence of Life*, de John Gribbin (Londres: Allen Lane, 2004). Ver também Dia 19.

Dia 24 – Teoria da cascata. O texto clássico aqui é *Memoirs of Extraordinary Popular Delusions and the Madness of Crowds*, de Charles Mackay (Londres: R. Bentley, 1841). As medidas engordativas do movimento "gordura é ruim" são descritas em um livro de 2007, *Good Calories, Bad Calories*, de Gary Taubes (Nova York: Alfred A. Knopf, 2007). Os artigos de Ancel Key são "Atherosclerosis: a Problem in Newer Public Health", *Journal of Mount Sinai Hospital NY* 20 (1953), p. 118-39, e "Coronary Heart Disease in Seven Countries", *Circulation*, 41 (1970) (suppl.1), p. 1-211. Ver também o "Report on Nutrition and Health", do Departamento de Saúde Americano (Surgeon General), de 1988. A p. 103, por exemplo, fala de "agentes causais" de doença, "tais como fumar ou ingerir gordura altamente saturada". A tabela 4-1 (p. 180) lista "mortes por câncer atribuídas a vários fatores", colocando diretamente "dieta" como o principal culpado e o tabaco em segundo lugar. O relatório completo está em http://profiles.nlm.nih.gov/NN/B/C/Q/G.

Dia 25 – A teoria do caos e o funcionamento do mercado são explicados de forma minuciosa no livro imerecidamente impopular (que eu vou citar, de qualquer maneira) *The Black Swan: The Impact of the Highly Improbable* (Londres: Allen Lane, 2007), de Nassim Nicholas Taleb (ver também Dia 19). Levantei uma questão semelhante oito anos antes em meu extremamente relevante e altamente recomendável *101 problemas de filosofia* (São Paulo: Loyola, 2005) – em inglês, *101 Thought Experiments* (Nova York: Routledge, 1999) –, citando, sim, cisnes negros. Mas ninguém respeita livros de filosofia. As pessoas querem os de economistas e matemáticos. Assim, temos "Methods in Physical Sciences", de John von Neumann, em *The Unity of Knowledge*, organizado por L. Leary (1955), reimpresso em *The Neumann Compendium*, de John von Neumann, org. por F. Bródy e Tibor Vámos (Cingapura, World Scientific, 1995), p. 628.

Dia 26 – Aquelas táticas todas! Mas o relato original e clássico é muito curto e ao ponto: o minilivro de Schopenhauer, *The Art of Always Being Right*, publicado em 1831 com introdução de A. C. Grayling (Londres: Gibson Square, 2004). O livro de Francis Wheen é *How Mumbo-Jumbo Conquered the World: A Short History of Modern Delusions* (Londres: Fourth State, 2004).

Dia 27 – Mensagens subliminares tornaram-se objeto de grande medo nos anos 1950, numa época em que livros como *The Hidden Persuaders*, de Vincent Packard (Nova York: Pocket Books, 1957), e *The Affluent Society*, de John Kenneth Gailbraith (nome completo: *In Praise of the Consumer Critic: Economics and The Affluent Society Consumption in Mainstream Economics*, Boston, Houghton Mifflin), no ano seguinte, eram do que mais se falava. Mas a mensagem de como "consumidores" são liderados por "produtores" (empresas e anunciantes) é mais relevante hoje; ver *Subliminal Se-*

duction: Ad Media's Manipulation of a Not So Innocent America, de Wilson B. Keys (Nova York: Signet, 1973). Afirma-se com frequência que a música dos Beatles "Lucy in the Sky with Diamonds" é uma referência ao LSD, e a letra parece mesmo descrever uma viagem alucinante. No entanto, os Beatles sempre desmentiram isso. John Lennon, que escreveu a maior parte da música, insistiu que ela falava de um desenho que seu filho Julian tinha feito no jardim de infância. Quando o papai perguntou o que havia no desenho, ele disse "Lucy, no céu, com os diamantes". (Conforme relatado pela BBC aqui: http://news.bbc.co.uk/2/hi/8278785.stm)

Em 1990, a banda Judas Priest esteve envolvida em um processo civil segundo o qual o grupo era responsável pelos ferimentos a tiros autoinfligidos por dois adolescentes em Reno, Nevada, EUA. Alegou-se durante o julgamento que, além de incitamentos do tipo "faça isso", havia partes das músicas da banda que, se tocadas de trás para a frente, diziam coisas como "Eu tirei minha vida". Uma gravação disso, relevante tanto para o Dia 18 quanto o Dia 20, está em www.reversespeech.com/judas.htm.

Dia 28 – *Psychological Perspectives on Prayer*, de Leslie Francis e Jeff Astley (Leominster; Gracewing, 2001), cataloga numerosos exemplos de plantas que cresceram mais após rezas do que aquelas que não foram abençoadas. Ver também Frank Loehr, *The Power of Praying on Plants* (Garden City, NY: Doubleday, 1959).

Dia 29 – As visões de Hildegarda são discutidas em *Hildegard of Bingen 1088-1179: A Visionary*, de Sabina Flanagan (Londres: Rouledge, 1998). Jung pondera sobre seus próprios medos no livro parcialmente autobiográfico *Memórias, sonhos e reflexões* (1956), registrado e editado por Aniela Jaffé.

Dia 31 – A melhor introdução para essa espécie sinistra de controle da mente segue sendo os dois romances clássicos de George Orwell, *A revolução dos bichos* (São Paulo: Globo, 1962) e *1984* (São Paulo: Companhia Nacional, 1977), que foi escrito muito antes dessa data, em 1949. Mas certifique-se de não pegar as edições alteradas!

Índice

1984 (Orwell) 192
2.000 Percent Squared Solution (Mitchell) 45

Académie Française 100
Adcock, Reginald 129
aleatoriedade 25
Alice no País das Maravilhas (Carroll) 43
Associação Americana do Coração 151
Anatomy of Melancholy (Burton) 104
animais, e experimentos com óculos de proteção 128-129
anomia 103-104
Aquino, Tomás de 173
argumento
    e Humpty Dumpty 161-162
    e detalhes irrelevantes 157-159
    e o truque dos rótulos 159-160
    e dizer o oposto 162-164
    e autointeresse 160-161
    e não razão 75-76, 155-156
    e tangentes 156-157
A riqueza das nações (Smith) 122-125
A revolução dos bichos (Orwell) 88, 181-182
arte e criatividade 65
    e manipulação de opinião 182
Asch, Solomon 72
Aspect, Alain 175
A terra desolada (T. S. Eliot) 90
aquecimento global, e construção de consenso 152-154
associações, *ver* palavras, e associações
autoajuda, experimento 47
autointeresse, apelando para, em táticas de discussão 160-161

bebês, e capacidade de contar 109-111
  ver também crianças
Barrett, William 84-86, 172-173
behaviorismo 39, 114-116
Behaviourism (Watson) 116
Bell, John 174
Benson, Herbert 166
Bernays, Edward 89
Bíblia, e a figueira 168
Braden, Thomas, agente da CIA 182
Brainspotting (documentário da BBC) 144
Broks, Paul 93
Bunyan, John 28, 104-105
Burton, Robert 104
Bux, Kuda 129

Carlin, George 99-100
Carroll, Lewis 43
carros, e a psicologia do marketing 96-97
Cheyne, George 104
crianças
  e a consciência de "outras mentes" 113-115
  e problemas comportamentais 39-40
  e discurso egocêntrico 113
  e conceitos matemáticos 33-35, 109-112
  e não ser adultos em miniatura 111
  e estágios do desenvolvimento conceitual 22-23
  e problemas de comunicação 22
Chomsky, Noam 183-184
Comissão Federal de Comunicações dos EUA 165
contexto sexual dos sonhos 82
chumbo, perigos ambientais 158-159
CIA (Criminal Investigation Agency) 88
  e manipulação de opinião 182-183

e suspeita da democracia 183-184
cigarros, e psicologia de marketing 94, 97-98
Clinton, Hillary, como confabuladora 121-122
Cocaína 142
códigos, e truques telepáticos 180-181
    ver também palavras, e associações
café, e psicologia de marketing 95-96
    e exemplo da sensação de "falsa" percepção de Sacks 119
comidas gordurosas, e comportamento de mamada 154
cogito, Descartes 28
consciência coletiva 28, 102
cores, percepção de 70
Comunismo, e propaganda 181-184
complexidade, e regras 55
comportamento de manada, *ver* teoria da cascata
confabuladores 120-121
consciência 13-14
    consciência coletiva 102
    subconsciente 27, 120
consenso, investigação do 72-73, 148-153, 184
convenção 154
    ver também Teoria da cascata
Conway, John Horton 130-131
cooperação, benefícios econômicos da 122-125
Cotard, Jules 106
Council for Psychical Research 129
criatividade, e rabiscos 65, 140-141
Cromwell, Oliver 28
Crookes, William 173

Dean, Jodi 157
Deleuze, Gilles 161-162
democracias, ameaças à 184
Demócrito 172
Dennett, Daniel 51, 128-129, 145

Depressão 28, 103-105
Descartes, René 13-14, 28, 135
detalhes irrelevantes, como tática no debate 157-159
Deus
    e depressão 104-105
    e mensagens a Hildegarda 169-171
    e mensagens a Jung 171-172
    e seu papel na escrita 101
    ver também oração, poder da
Dissonância 40-41, 116-117
divisão do trabalho 124-125
dizer o oposto, como tática de discussão 162-164
Dodgson, Charles Lutwidge, ou Lewis Carroll 42-44
Doença de Parkinson, comparação com a síndrome de Tourette 141
Donne, John 28
dopamina, droga 142
Dostoiévski, Fiodor 171
Dufay, Philippe 107
Durkheim, Émile 103, 105
Dutourd, Jean 100-101

efeito McGurk 58, 136
egocentricidade 38, 114
Einstein, Albert 146
Eliot, T. S. 90, 184
Engels, Friedrich 157
Ensaio sobre o entendimento humano (Locke) 69, 143
estágios do desenvolvimento conceitual 22-23, 33-38, 113-114
Estatística 100
Ética (Spinoza) 85
expectativas, e sorte 126
experimentos:
    cama de pregos 61-62
    tédio na internet 63-64
    banho frio 54, 130

    consenso, investigação do 72-73
    amaldiçoando figueiras 167
    andando sobre brasas 53, 129-130
    rezas no hospital 166-167
    efeito McGurk 58
    moléculas no Jogo da Vida 55-56, 131-134
    percepção de mudança 71
    o entediante estudo de psicologia da Universidade Stanford 40-41
    com mensagens subliminares 77-78
    com óculos de cabeça para baixo 51-52, 128-129
    aguando plantas 167-169
    ver também Piaget
experimento da cama de pregos 61-62, 138-139
experimento de andar em brasas 53, 129-130
experimento do banho frio 53-54
experimento dos óculos de cabeça para baixo 51-52, 128-126
explicações, natureza das 155

Fábulas de Esopo 156
Le Figaro, revista 107
formas, percepção das 69, 137-138
    e narrativa da vida 147-148
Foucault, Michel 162
Freud, Sigmund 82-83, 142, 169-170

Gallup, Organização 122-123
    pesquisa de opinião 153-154
ghost writers 102

habilidades parentais, e política britânica 115-116
Harrison, Paul 169
Hencam 140
Hildegarda de Bingen 82-83, 169-171
histórias de vida 148
Humpty Dumpty 161-162

Hunt, Howard 88
imortalidade, através da escrita 26
imortais, os (Académie Française) 101
Internet, e coisas chatas 63-64
Into the Silent Land (Broks) 93

Jackson, Frank 70, 145
Jackson Pollock, pinturas 65, 90
James, William 173
Jargão 45
Jennicam 63
Jung, Carl 82-83, 171-172, 173

Keys, Ancel 150-151

L-DOPA, droga 141
linguagem:
    e centros da linguagem do cérebro 21, 23, 93
    e a necessidade de proteger sua pureza 100-101
    e ruído 107-108
    e mensagens subliminares 77-78
    ver também palavras
A linguagem e o pensamento da criança (Piaget) 113
livros, como ferramenta de propaganda 183-184
Locke, John 69, 143-144
Loehr, Franklin, experimento da reza para plantas 168
Lógica do sentido (Deleuze) 162

Maquiavel, Niccolò 184
Mackay, Charles 152-153
Mandelbrot, Benoit 59
Manufactoring Consent (Chomsky) 184
Mao Tsé-tung 184
Marx, Karl 157
matemática:
    e os conceitos de área e volume 36, 111-112

e o conceito da conservação do número, 33-35, 110-111
diferentes definições de média 99-100
e explicações 154-155
e mal uso das estatísticas 98-99
e moléculas no Jogo da Vida 55-56, 130134
e o problema da mensuração 59-60
e aleatoriedade 25
e formas, percepção das 69, 137-138
e subjetividade em geometria 138
média, diferentes usos do termo 100
medicina, e deficiência 140
Meditations (Descartes) 28
melancolia 103-105
Memoirs of Extraordinary Popular Delusions and the Madness of Crowds (Mackay) 152-154
Memoria Technica (Carroll) 43
Memórias, sonhos e reflexões (Jung) 83
Memória 117-122
    e café, exemplo de "falso" sentido de percepção 120
    e Jimmie, exemplo do homem que perdeu sua memória 118-120
    teste de memória 42-44
    e seu papel em *Alice no País das Maravilhas* 43
Meno, diálogo platônico 45
Miguel O., caso psicológico 141
mensagens subliminares 77-78, 165
    ver também mentes répteis
Mente 13-14
    e respostas automáticas 106
    consciência coletiva 28
    confabuladores 120-121
    e níveis diferentes de respostas 102-103
    e mentes diferentes em um corpo 102
    teorias mecânicas 84-86
    poderes da 53-54
    mente réptil 22-23, 93-98

teoria de Spinoza da 85
    e estágios do desenvolvimento conceitual 22-23
    mente subconsciente 27, 120
mente réptil 22-23, 93-98
    ver também mensagens subliminares, mente subconsciente
mente subconsciente, e o teste dos três animais favoritos 27
    e o exemplo de Sacks do "falso" sentido de percepção 119-120
Mitchell, Donald 45
moléculas, matemática, *ver* matemática
Molyneux, William 69
Molyneux, problema de 69, 143-144
Mordbrennerhysterie 153
mudança, e a habilidade de percebê-la 71, 146-147
multidões, loucura das 152-154
mundos oníricos 171

narrativa 147-148
negatividade 106
Nestlé, e o marketing do café 94
Neumann, John von 131, 155
The Neuropsychology of Memory (Luria) 119
New Yorker, revista 165
Newsday, revista 165
Normalidade 142

O fator sorte (Wiseman) 46
O homem que confundiu sua mulher com um chapéu (Sacks) 118, 135, 142, 147
O médico e o monstro (Stevenson) 102
opinião, e a propaganda da CIA 182-184
    visão de Schopenhauer da 154
    ver também Teoria da cascata
O quarto de Mary 70, 144-145
ortodoxia 152
Orwell, George 88-89, 182
O senhor dos anéis (Tolkien) 147

padrões, na vida 75
palavras
    e ambiguidade 75
    e associações 22-24, 93-98
    e propaganda da CIA 183-184
    e confabulações 120-122
    e centros de linguagem do cérebro 21
    e testes de memória 42-44
    e silêncio 29
    e escrever livros 26
Papert, Seymour 112
    e moléculas matemáticas 55-56, 132
    na natureza 99-100
pensar 13-14
    ler mentes 21
    pensamento reverso 112
    ver também telepatia
percepção, e capacidade de ver mudanças 71, 146-147
    e cores 70
    relatividade da 146
    e formas 69, 143-145
    e símbolos 148
Philosophical Quarterly, revista 145
Piaget, Jean 33-34, 109-114
    experimento da vaca no campo 111-112
    e desenvolvimento de conceitos matemáticos 33-38, 109-112
    experimentos com pontinhos 109-110
    experimentos bobos 109-110
    ver também estágios de desenvolvimento conceitual
A peregrina (Bunyan) 28
Platão 45, 101
pote de café do Trojan Room 139
Power of Prayer on Plants (Loehr) 168
preconceitos 152-154
O príncipe (Maquiavel) 184
Propaganda 88-90, 150

Propaganda (Bernays) 89
Propriocepção 57, 134-136
Prus, Erwin, experimento com rezas para plantas 168
Psychological Perspectives on Prayer (Francis e Astley) 167
puritanos, e depressão 104

qualia 144-145
Quebre Todas as Regras (Buckingham e Coffman) 122-124
Quotations from Chairman Liu (autor desconhecido) 184

R-pentomino, molécula matemática 55-56, 130-131
rabiscos 65, 140-141
Ramchandran 57
Rapaille, G. Clotaire 22-24, 94-97
regras, e complexidade 55
relatividade, da percepção 146
religião
    e as defesas do poder da oração 79-80
    e andar sobre brasas 129-130
    e monges trapistas 107-108
    e visões 82-83
O retorno do rei (filme) 147
reza, poder da 79-80, 166-169
Richardson, Lewis 59
Ringley, Jennifer 63
Rituais 98, 105
rotulagem, como técnica em debates 159-160

Sacks, Oliver 118-120, 135-136, 140-142, 147-148, 171
saúde, *ver* comidas gordurosas
Schopenhauer, Arthur 154, 164
Science, revista 151
Scruton, Roger 183
Sêneca 154
sentido de percepção, *ver* percepção

silêncio 29
Símbolos 148
síndrome de Tourette 140-141
Sincronicidade 173
Smith, Adam 45, 122, 123-125
sociedade, e papel no combate à depressão 105
    e o papel das "habilidades parentais" 115
Society for Psychical Research 84, 85
sonhos, significado dos 82-83
Sorte 46, 125-127
Spinoza, Baruch 85
Stevenson, Robert Louis 102
Stratton, George 51, 128
subjetividade, em geometria 138
Subliminal Seduction (Key) 165
O suicídio (Durkheim) 105
Symphonia armoniae celestrium revelationum (Hildegarda) 170

Tait, Peter Guthrie, físico cético 177
tangentes, em táticas de discussão 152-154
tédio, e a internet 63-64
técnicas de administração 45
Telepatia 84-87, 173
telepatia atômica 174-175
    e truques 175-177
    telefones, como dispositivos mágicos 177
Teoria da cascata 72-73, 148-153
    e consenso sobre comidas gordurosas 150-152
teste dos três animais favoritos 27, 102-103
There's Something About Mary (Frank Jackson) 70
Tibhirine, Cristophe 107
Time, revista 112
Tolstói, Leo 161
Tourette, Gilles de la 140
trapismo 29

Turing, Alan 131-132
Departamento de Agricultura dos EUA 151

Universidade de Stanford, e experimentos psicológicos entediantes 40-41

Vicary, James 77, 165
vida, características essenciais da 132, 133
Vigilância da Fronteira do Texas 63-64
visões 82-83, 169-172
vitamina B6, e propriocepção 136

webcams (tédio) 63-64, 139-140
Wheen, Francis 162
Wikijargão, como tática de vencer discussões 160
Wiley, David 61, 138
Wiseman, Richard 46, 125-126

Yupno, povo de Papua Nova Guiné 34

Zeus e a história da abelha 156

O texto deste livro foi composto na tipologia The Serif Light, em corpo 10/13. Para títulos e destaques, foi utilizada a tipografia The Serif Bold, em corpo 16.

A impressão se deu em papel LuxCream 70g/m
na Prol Gráfica e Editora.